STRUCTURED GROUP ENCOUNTER

國分康孝［著］　國分久子［監修］

構成的グループエンカウンターの理論と方法

半世紀にわたる探究の成果と継承

図書文化

まえがき

私ども夫婦は四十代から八十代にかけて毎年、構成的グループエンカウンター（Structured Group Encounter　以下ＳＧＥ）ワークショップを主宰してきた。「来年はやめようか」と帰路夫婦で語り合うほどに対応に苦労するＳＧＥもあった。しかし教え子たちのサポートや日本カウンセリングアカデミー、図書文化社の援助のおかげで今日の成長をみるにいたった。

いまやＳＧＥは、修論や博論のテーマになり、全国の教育委員会の研修会で実施されている。なぜこのような広がりをみせているのか。答えはいたってシンプルである。ＳＧＥの思想が、教育者のみならず現代を生きる人たちにとって意味があるからである。

あるがままの自分に気づき、それを他者にオープンにする。

それを受けて他者も自分の内界をオープンにする。

そしてお互いの世界を共有する。

この心的状況を「ふれあい」または「エンカウンター」という。

このエンカウンター体験が自他発見をさらに促進する。

この促進のプロセスが「生き方探究」になる。

これがＳＧＥを四十数年にわたり、実施・観察・研究してきたとりあえずの結論である。この結論は「ＳＧＥの思想宣言」でもある。この間、私どもは何を考え、何を思ってＳＧＥに執念を燃やしていたのか。それを語るのが本書の第一のねらいである。ただし自由連想風の思い出の記にならないよう、フレームを立て、そのなかでトークする（自己を語る）という構成法をとった。ふれるべきトピックスに見落としはないか、定義はしてあるか、無駄話はないか、話の流れに論理性はあるか、例は適切か、などのチェックは監修者の担当とした。

本書のもう一つのねらいは、教育カウンセリングとＳＧＥの関係をつまびらかにすることである。教育分野に特化したカウンセリングを教育カウンセリングというが、この教育カウンセリング理論にＳＧＥがどのように貢献しているかを詳しく述べたい。また、私が発起人の一人を務めるＮＰＯ法人日本教育カウンセラー協会（教育現場の実践者が行えるカウンセリングの普及・定着をめざす団体として一九九九年に発足）が設定している教育カウンセラー養成講座の必須プログラムの一つがＳＧＥである。「教育カウンセラーに、ＳＧＥはなぜ必要なのか」――この問いにも明確に答えたい。

結論として、本書が次世代に申し送りしたいことは次の四つになる。

①ＳＧＥは教育カウンセリングの特色の一つとして、ヒューマニティ（慈愛の念）を提

唱するものである。
②ＳＧＥは教育カウンセリングの多様な方法・技法を開発する母体になる体験である。
③ＳＧＥ理論と教育カウンセリング理論のモデルを試行的に提示し、今後の理論化のたたき台にした。
④ＳＧＥの今後の実践研究の方向を示した。

なお、読者のなかにはＳＧＥにまだなじみの浅い方もおられるだろう。本書の随所に私の体験をはじめ例を多く紹介している。心と心のふれあいとは、ホンネとホンネの交流とはどういうことか。人生にどう影響するのか。体験例を通して垣間見てほしい。そして実際にＳＧＥを体験し、深く味わっていただきたい。入門書としては、『エンカウンター』（國分康孝、誠信書房）、『エンカウンターとは何か』（國分康孝・國分久子ほか共著、図書文化）等を、また、教育カウンセリングに関しては、『教育カウンセリング概説』（國分康孝、図書文化）もあわせてお読みいただければ幸いである。

二〇一八年初夏

國分康孝
國分久子

Contents

構成的グループエンカウンターの理論と方法

序章

私の人生にＳＧＥはどう生かされたか

1　自己開示のできる教師に！

エンカウンターのキーコンセプトの一つは自己開示である。

自己開示、つまり自分の内界を他者にオープンにすることがなぜ大切か。自己肯定感が高揚するからである。

自己開示するために必要な前提は、「あるがままの自分を受容する」ことである。受容がなければ、単なる告白・懺悔である。言い方をかえれば、自己受容の宣言が自己開示であり、自己開示によって自己受容を確認しているといえる。これを繰り返すことにより、結果的に生きる力の源である自己肯定感が育っていく。

教師はぜひとも自己開示できる人間になってほしい。

教師の自己開示は、ときに子どもの生き方教育になり、ときに子どもに自分の人生を考えさせるきっかけになり、ときに子どもの生きる意欲になる。教師の自己開示が教え子を終生支える教育になりうるからである。

さて私と妻は一九七四年以降、四十数年間にわたりＳＧＥワークショップを体験してきた。この体験が私の人生にどう生かされたかをまず語りたい。「私の場合はこうであった」と自己開示せずして人にすすめるのは、エンカウンターの文化にそぐわないと思うからである。

2　アイネス志向――最後の一線を打ち出す生き方

詳細は後述するが、私は若いころ、師匠の霜田静志（教育分析者。ニイルの教育思想、チゼックの美術教育、マンセルの色彩表の紹介者として著名。多摩美術大学教授）から教育分析を受けた。その際に指摘された「若年寄」からの脱却が私の人生課題であった。年齢の割に老けている、つまり子ども心を抑圧している。結果、他者の子ども心を共有できない……なるほど、教育実習の際、私が子どもたちにまったくもてなかった理由がよくわかった。

以来、エンカウンターの三類型（ワンネス Oneness 一心同体、ウィネス Weness 持ちつ持たれつ、アイネス Iness 自分を打ち出す）のなかで、特にアイネスの瞬間を見過ごさないように自戒して生きてきた。

アイネスとは、引くに引けない最後の一線をここぞと思うとき打ち出す生き方（人間関係）のことである。失愛恐怖を捨てる勇気の瞬間のことである。これができたおかげで私は、屈辱感・自己弱小感・負け犬の遠吠え・後悔の人生にならなかった。自分で言うのもおかしいが、自分なりに意気揚々と生きてこられた。これはエンカウンタースピリット（リスクを冒す勇気）のおかげである。体験例をいくつか紹介したい。

(1)「ここぞ」というときにエンカウンタースピリットの真価を発揮

ある研修会で私のカウンセリングを見ていた先輩教授が、「國分さんのカウンセリングは技術だ。魂のカウンセリングじゃない」と評した。

以前の円満主義の私なら、「ご指導ありがとうございます。今後の課題にさせていただきます」程度のことしか言えなかったが、このときはエンカウンター風にこう応じた。「せっかくの機会ですから、魂のカウンセリングを見せていただけませんか」と。しかし「見せられない」と言う。

受講生が次々詰問した。「なぜ見せられないのですか」「魂のカウンセリングは、ほんとうにあるんですか」「ないから見せられないのでは」——昔の私なら「まぁまぁ」と止め男になったが、そのときは自分の言動は自分で始末することだと厳しい気持ちだった。

夕方、彼が私の部屋に詫びに来た。以前なら「気になさらないでください」と社交辞令で応じたがそのときは違った。「みんなの前で言われたことですから、みんなの前で言ってほしいです」と。あとから聞いた話だが、翌朝のセッションで彼はみんなに詫びたそうである。結局、魂のカウンセリングのデモンストレーションはなかったという。

これは私の提唱する折衷主義の存亡にかかわる出来事だった。ロジャーズ全盛の時代、「ロジャーズは魂、折衷主義は技法」という雰囲気のなか、円満主義でお茶をにごさずにすんだ。エンカウンタースピリットの面目躍如たり。そんな自己肯定感が得られた。

(2) 負けても損しても自分にとって意味のあることをする

マスコミによく顔を出し、政府のアドバイザーも務め、著作も多い顔役の教授がいた。彼が会議で発言すると反論する教授がいない。こういう人物が自分の部下でもない人事に介入すると、昇任できない若手研究者が出てくる。

彼がある論文を読んで、「文学作品の論評は論文かね。統計処理がなくても心理学の論文になるの？」と聞いた。同席していた教授は黙っていたが、私はこう言った。

「あのですね、研究ちゅうもんは仮説の検証だけじゃないんですよ。仮説を提示するのも研究なんです。小説の主人公の言動に含まれる因子を提示し、それをこれから検証する。そんな発想のようですよ」「そう言ってくれると僕は安心だ。前言撤回だ」——論文の主は昇任した。

私はSGEのおかげでけんかができるようになったのではない。けんかはしたくない。勝っても罪障感が残るからである。負けるとみじめである。ゆえにけんかには作戦が必要だ。しかしアイネスに作戦（意図性）はない。私は勝っても負けてもしこりにならないのがSGE方式だと思う。「あるがままの自分」を提示して、あとはグループの動きにゆだねるのがSGE方式である。

勝ち負け・損得勘定は、実存主義ベースのSGEにはない。プラグマティズム（有用性を問う哲学 pragmatism）にはある。「負けて損しても自分にとって意味があるなら、それでいいじゃないか」——これが実存主義ベースのSGE方式である。プラグマティズムは、次回に負けないために次回はどうするか、損しないためには……と考える。私がアイネスで臨もうと決断する瞬間は、「損してもよい、これを言わないと自分の存在意味はない」との判断がある。

では、「損しても意味のあること」とは何か。私の場合は次の事柄が不当に評されたときのアイネス発動である。それは、「教育カウンセリングを含むスクールカウンセリング」「カウンセリング心理学」が侮辱されたときである。私個人のこと（例：ひぼし、お呼びでない）ではアイネス発動にはならない。自己主張（～してください）はしたければする程度にしている。自己主張には相手を動かす意図がある。いっぽうアイネス（自己開示）は、相手が動かなくても自分にとって意味があればそれでよい。

大学紛争が頻発していたころ、ある大学で私は責任はあるが権限のない学生部長を務めたことがある。学生団体と交渉を続けたが、学生から「メッセンジャーボーイに学生部長が務まるのか」と怒声をあびせられたとき、「おっしゃるとおりだ。僕もそう思う」と答えた。

その後、最高責任者（当時雲隠れ）の秘書に伝言を頼んだ。「昔の軍隊では（私は旧陸軍将校生徒）連隊長は負傷していても担架に乗って陣頭指揮をとったものだ」と。その後、私はその大学を辞することになった。しかし、あのままメッセンジャーボーイを続けていたら骨抜き人間になっていたと思う。私にとっては意味のあるアイネスであった。

3　迷いのない選択——自問自答により志が定まる

(1) 自分のしたいこと、できることをアイデンティティにする

ＳＧＥでは、「一人二分か三分くらい」「グループは四人か五人くらいで」とあいまいな言い方はしない。プログラムのねらいとメンバーのレディネスを勘案して、「一人一分ずつ」「五人一組で」と迷いなく指示する。人生も同じである。腰かけのつもりでとりあえずという方式でなく、「とりあえず」のなかにあっても、自分の志に近づく人生選択をよしとする。それがＳＧＥの人生態度である。選択の迷いは、興味・能力・アイデンティティが漠としていることに起因する。私は青年時代を振り返ってそう思う。

私は二十代のころ、自分のなりたいものがわからなかった。精神分析者か、カウンセラーか、ソーシャルワーカーか……。混乱のままアメリカに留学し、多くの学派や分野の人々にふれ、ますます混乱した。そのとき一つヒントをくださったのが、Ｗ・ジョンソン（当時、ガイダンスの権威）だった。「君、今度ロジャーズに“Are you Rogerian?”と聞いてみろ。たぶん“No. I am not Rogerian. I am Rogers”と答えるはずだ」と。そこで私は気づいた。

"I am Kokubu" なのだ。國分は自分のしたいこと、できることを、自分のアイデンティティ（錨）にすればよいのだ。

(2) 未完の行為が残らない悔いなき人生を生きる

この気づきは、ＳＧＥの「肩書きを落として自分の原点（a person）につながる」ものであった。ＳＧＥでは多様な人生模様にふれるので、「では自分の場合はどうか」と自問自答する。その結果、自分のしたいこと、できること、アイデンティティが煮詰まってくる。すると「あれもこれも」から「これを」と志が定まってくる。それゆえ選択に迷いが生じない。私は体験からそう思う。体験とは、後述するクラーク・ムスターカスのクラスでのシェアリングや院生同士のギャザリング、帰国後のＳＧＥワークショップのことである。

その典型例が、東京理科大学から筑波大学に転じるときだった。私は迷わなかった。たった一日でも筑波大学の教授を務めたかった。学生時代の未完の行為を完成したかったからである。「君はニイルとかフロイドとか民間人の研究ばかりしないで国立大学の学問をせよ」とある有名教授にたしなめられた。「学問に民間と国立大の違いがあるのですか」と質問しなかった残念無念を晴らしたい。この未完の行為を完成するために「学問に私立も国立もない」と母校で反論したい。そんな思いがあったので迷いがなかった。当時、東京理科大学と筑波大学とでは定年に十年ほどの差があったが関心外だった。

筑波大学には定年まで七年勤めたが、院生たちがＳＧＥの論文を次々に発表してくれたおかげでエビデンスのあるＳＧＥに育っていった。悔いのない人生とは、未完の行為が残らない人生である。そのために、自分は何を求めているか（志）を普段から掘り下げて意識化しておくと縁を逃さない。すなわち、迷いのない選択ができる。

(3) 知的勇気を主軸とする「存在への勇気」を体得

ある人から「臨床心理士のカリキュラムを作ってくれたら、國分さんを理事にしてあげますがどうですか?」と電話があったが否と即答した。その後、電話の主の上司から面会を要請され応じたが、その際の最初の質問は、「國分さんの学会（私は当時、日本カウンセリング学会理事長）は何人ですか?」だった。「三千人です」と答えると先方は、「僕らは一万人です」。ついで、「國分さん、臨床心理士もカウンセラーも同じですよ」と言った。

この会談は不発に終わった。間もなく日本教育カウンセラー協会を立ち上げ、袂を分かつこととなった。私が迷いなくそうした理由は二つある。一つはカウンセリングと心理療法の識別がないこと。もう一つは私のアイデンティティが侮辱されたことである。私にはカウンセリング・サイコロジストというアイデンティティがある。「理事にしてあげるから」と言われて捨てられるものではない。アイデンティティに無頓着な人間はプロフェッショナルではない。私にはそういう思いがいまでもある。このアイデンティティの無頓着は定義不明瞭に起因している。臨床心理学の定義が不明瞭だから、「臨床心理学専攻者ではないと正規のスクールカウンセラーになれない」と考えるのである。

私は会ってすぐ袂を分かつ決断をした。次の世代の人々がどう判断するか。私はこの選択が日本のスクールカウンセリング発展の起爆剤になったと評されることを願っている。

ＳＧＥでいう「ホンネに忠実な生き方」とは、好き・嫌い、したい・したくないといった感情に正直になるという意味が強い。しかしこの発想を拡大して自分の考えに忠実に生きること、つまり「知的勇気」に生きることもエンカウンタースピリットである。

自分個人のことなら好き・嫌いで選択できるが、公共の団体の長としてはそれだけでは無責任である。感情のほかに思考（ラショナリティ）を掘り下げ、それも選択のベースにする必要がある。したがって、私はＳＧＥから知的勇気を主軸とする「存在への勇気 Courage to be」を体得した。これが本項の結論になる。

4　思　想――サイエンティストとアーティストの両翼を担う

(1)人間としての悩みには人生哲学で対応

ＳＧＥでさまざまな人の内的世界にふれて感じたことは、「やっぱりフロイドの言うとおりだ」ということであった。

ある患者がフロイドに「精神分析で私の悩みは消えるでしょうか」と聞くとフロイドはこう答えた。「あなたの些細な悩みは消えるでしょう。しかし人間としての悩みはますます深まるでしょう」――私の意訳では、カウンセリングや心理療法で対応できる問題と、それだけでは歯の立たない問題がある。ＳＧＥは後者に関心がある。

例えば、フロイドには他者と手紙のやりとりをしない時期があった。第一次世界大戦に出征した長男からの音信が途絶え、安否が心配で手紙どころではなかったのだ。親子の情はフロイドも私たちも変わらない。これが人間共通の課題である。健常な人間にも悩みはある。神経症者の悩みは心理療法で対応できるが、健常者の人間としての悩みは心理学ベースの援助だけでは対応できない。それがＳＧＥ体験から私の学んだことである。

この気づきの遠因は、青年時代のカウンセリング無能体験にある。ある女性が来室し、私に悩みを打ち明けた。「私の子どもは二十歳までしか生きられない病気です。そこで私はわがまま放題にしてあげようか、人並みのしつけをすべきか迷っています」と。

私はロジャーズの受容・繰り返し・明確化・支持・質問の技法を用いる面接をしたが、その女性はもの足りない顔で去って行った。これに対するメンター霜田静志のアドバイスが、後年の私のＳＧＥ理論の核の一つになった。

「國分君、こういう問題は心理学の問題ではない。人生哲学の問題だ。君の人生哲学で対応すればよいのだ」

(2) エビデンスを超える思想を養う

その後、ＳＧＥでメンバー同士のシェアリングを共有して感じたのは、「教育学、心理学、各科教育法などでは解けない問題を語り合っている」ということであった。抽象的にいえば、生老病死の生の問題（その中心は愛の問題）であった。ＳＧＥが高齢者に普及するとたぶん、老病死がシェアリングの中心テーマになるであろう。

しかし、心理学よりは人生哲学になじむテーマがＳＧＥ参加者を魅きつけるのだと思われる。心理学のなじまない問題とは、エビデンスベースでは解けない問題という意味である。さきの話の例でいうと、「カウンセラーも臨床心理士も同じだ」というのはエビデンスを語っているのでなく、哲学（特に存在論）を語っている（例：色即是空。識別は本来はない。かりそめに識別しているだけ）。「定義が不明瞭ではコラボできない」というのもエビデンスではなく論理を語っている。

要するに、事実（エビデンス）を超える思想を養っておかないと、人生選択もとっさの対応もできない。その感を私はSGEで強くもつようになった。

例えば、こういうことがあった。SGEワークショップの閉会式で、あるメンバーが「みんなと別れたくない」と哀感を表明した。エビデンスベースの対応なら「それはだれでもある分離不安だ」と解説するだろう。私はエビデンスなしにこう語った。「法然は念仏あるところが寺であると言った。私は言いたい。あなたのいるところがSGEであると」――これは思想の開示である。

私がアメリカ留学中、ムスターカスの授業のシェアリング場面でこんな発言があった。「ワンネスに理論は不用、パーソンとパーソンが一つの内的世界を共有するのには理論不用となる」と。「カウンセリング理論の勉強も不用とならないか」と私は発言した。するとムスターカスはひとことで返した。

「人生は理論にあらず Life is not a theory」。

その意味はこうである。「人生は具象である。理論は抽象である。抽象で具象はつかめない。具象はその具象になりきってこそわかる」――ムスターカスはエビデンスを示したのではなく、自分の思想（認識論）を語ったのである。私はムスターカスを手がかりに、ＳＧＥから思想の構築を体験学習したと思っている。

社会哲学のビター教授は、講義というより学生相手にエンカウンターの一人芝居（トーク）を熱演する先生であった。最終講義は、「明日死ぬもののごとくいまを生きよ You should live as if dying tomorrow」であった。これもまたエビデンスなしの人生哲学の開示である。暗い夜道を歩むときの彼の一灯を語ったようである。

私はいまも、「教育者はエビデンスを超える思想を養え」と檄を飛ばしたい。

(3) サイエンティストとアーティストの両翼を担う

ではＳＧＥはエビデンス軽視かといえばそうではない。

放談会にならないために、エビデンスを踏まえたプログラムの構成と実施方法の効果性はリサーチで検証（おもに日本教育カウンセリング学会で）している。しかしSGEの実践時は、アーティストになってエビデンスにとらわれない自己開示を行う。私はサイエンティストとアーティストの両方を心がけている。

ところで、私は哲学ベースの思想になじめたので、その路線で思想の開示をしてきた。しかし人によっては文学ベース、宗教ベース、社会科学ベース、福祉ベース、自然科学ベースの思想それぞれになじみのある人もいる。それを開示する自由はある。

留意点は、その思想で人を説得し、自分の思想仲間に引き入れないことである。「思想の自己主張（説得）は不可。思想の自己開示は可」ということである。すなわち、SGEリーダーもSGEメンバーも「一人一票ずつ」。「SGEリーダーはSGE教祖ではない」ということである。私はカリスマ性の暴走を自戒している。

前述のように、私ども夫婦は四十数年間にわたりSGEワークショップを主宰してきた。東京理科大学の教え子（松澤秀則・陽子、益満孝一、瀬尾尚隆、本山伸一など）、筑波大学の教え子（片野智治、吉田隆江、河村茂雄、岡田弘、大友秀人、加勇田修士、諸富祥彦など）、千葉商科大学の共同研究者（西昭夫、菅沼憲治）、慶応大学の共同研究者（村瀬旻）といった多くの伴走者を得て今日がある。

第１章

エンカウンターの意味

ＳＧＥのキーコンセプトである「エンカウンター」。
その意味は，自分のホンネに気づき，
状況に応じてそれを他者にオープンにすることである。
では、ホンネとは何か。
――エンカウンターの本質を説く。

1 「エンカウンター」とは何か

(1) SGEの思想・理論・技法の基底とは

構成的グループエンカウンター（Structured Group Encounter 以下SGE）のキーコンセプトは「エンカウンター」である。そこでエンカウンターとはどんな体験かを説明したい。

エンカウンター（Encounter）という言葉がアメリカのカウンセリング界を風靡し始めたのは一九六〇年代初頭のことである。当時の人間性心理学（humanistic psychology）、来談者中心療法（client centered therapy）、人間性開発運動（the human potential movement）、実存主義的アプローチ（existential approaches）の分野でのキーワードの一つであった。

私ども夫婦は一九六一年にメリル・パーマー研究所（Merrill Palmer Institute in Detroit）に留学中、クラーク・ムスターカス（実存主義的心理学者）の講義とプレイセラピーで、エンカウンターという言葉をまず久子が教わった。久子はムスターカスの助手であった。それが縁で私もムスターカスに師事した。

「エンカウンター」という言葉は、一九一四年にモレノ（心理劇を利用する集団療法の創始者）が世界で最初に使ったとされるが、アメリカではモレノを引用するエンカウンターの研究・実践家に出会ったことがなかった。それゆえ、一九七四年以降、國分康孝・國分久子の提唱する日本での構成的グループエンカウンターは、おもにムスターカスの実存主義的アプローチを思想の基底にしている。

その理論は、アメリカの大学院で学んだカウンセリング心理学に求めた。

その技法は、ゲシュタルト療法と論理療法に示唆を得て、大学生・教育関係者のグループ対象に四十数年にわたり実践研究を重ね、それを教え子たち（平宮正志・水上和夫・片野智治・吉田隆江・岡田弘・大友秀人ら）の修論や博論での検証を経て形成したものである。

したがって私ども夫婦は、山口大学の林伸一が憂慮したように、けっして教祖ではない。日本における構成的グループエンカウンター運動のリーダーの一人である。

(2) 自分とのエンカウンター——自分のホンネに気づく

では、いったいエンカウンターとは何か。結論からいえば、自分のホンネに気づき（自分とのエンカウンター encounter with self）、状況に応じてそれを他者にオープンにすること（他者とのエンカウンター encounter with others）である。例えばこうである。

八十は泣きてはならぬ齢なり泣きたきときは深く息吸ふ

長野県　沓掛喜久男（朝日新聞　二〇一四年十一月九日）

世の中には泣きたい自分に気づかず微笑を絶やさない人がいる。泰然自若が立派な生き方だとする人がいる。これに対してエンカウンターでは、「泣きたいときに泣いて何が悪いんだ！　こわいときに震えて何が悪いんだ！」とホンネに忠実な生き方を提唱する。

國分の体験

私が陸軍幼年学校（陸幼）の生徒のとき、生徒監だった矢沢開介大尉がこう諭した。「弾が飛んでくると怖いよ。怖いと震えるぞ。小隊長でも中隊長でも震えるぞ。自分は震えているからだめだと思ってはいかん。震えるのはあたりまえだ。大事なことは、震えながらでよいから自分の任務を遂行することだ。小隊長は震えながら小隊長としてなすべきことをすればよいのだ」――これはいま考えると、自分のホンネ（怖い！）を受容せよという「自分とのエンカウンター」の教えであった。軍人は震えるべきではないとは教えなかった。

(3) 他者とのエンカウンター――ホンネとホンネの交流

他者とのエンカウンターの例も、短歌を引用したい。

救援の車列に涙こみ上げて合掌すれば敬礼返る

仙台市　浅野悦子（朝日新聞　二〇一一年六月二十日）

二〇一一年の東日本大震災のとき、救援に向かう自衛隊に「よろしくお願いします」とすがる思い（自分とのエンカウンター）を合掌という形で表現したところ（他者へのエンカウンター）、車上から「ありがとうございます。お役に立ちます！」と若い隊員の息吹が戻ってきた（他者へのエンカウンター）。

これが「ふれあい」の一瞬である。ふれあいとはホンネとホンネの交流のことである。エンカウンター用語ではシェアリング、モレノ風にいえば出会い（a meeting of two）である。

國分の体験

一九六〇年代末期、大学紛争が全国で巻き起こり、一九六九年には三七九校中一七三校に波及した（昭和六十三年版『警察白書』）。私の勤務する大学では対応策について教授会と理事会が対立した。機動隊導入反対の教授会のリーダーだった私と、理事長代行の先輩教授とは、「昨日の友は今日の敵」の間柄になった。機動隊導入により紛争は解決し、私は辞表を理事長代行に提出した。すると山脇理事長代行はこう言った。「國分さん、こういうものはどさくさの最中に出さないほうがよい。辞表のことは人に言うな。俺も言わない」――この三分間ほどの会話はエンカウンターの一瞬であった。山脇理事長代行は、自分の役割から降りて一人の人間として一人の青年に自分のホンネで応えられた。

エンカウンターをするには、役割（「ねばならない」という責任に縛られる立場）から抜け出す勇気が必要である。エンカウンター（ホンネとホンネのやりとり）とは、一人の人間としてのあり方を求める人生態度のことである。

2 「ホンネ」とは何か——六つの理論

では「ホンネ」とは何か。この日常語を理論的に説明しておきたい。以下の六つの説明の仕方があり、私どもはいずれをも頭に入れてホンネという表現を用いている。

(1) ロジャーズの自己理論における「ホンネ」——あるがまま（事実）の自分

この理論ではホンネとは「あるがままの自分 actual self」のことである。

あるがままの自分とは「事実の自分」という意味である。例えば、「自分が子どもを殴ったのは愛の鞭である」と思っていた人が、「実は私は子どもが憎い」と気づくのは、「事実の自分・現実の自分 actual self」に気づいたのである。「自分は子どもを愛している」という認識は、「思い込みの自分・願望の自分・かくありたい理想の自分 idealized self」を事実の自分と誤認していたわけである。

ロジャーズ理論では、事実の自分と思い込みの自分が一つになった状態を「自己一致」という。すなわち「かくありたい自分は、かくある自分そのものである」――これがロジャーズ理論の提唱する生き方である。これはエンカウンターの考えと同じである。異なる点は、ロジャーズ理論では人格変容（personality change）が目標であるが、エンカウンターには治療・問題解決・人格変容という発想がなく、自己一致（あるがままの自分に正直に生きる）という人生でのあり方（the way of being）を求めている。それゆえ治療やカウンセリングを要する人には、エンカウンターに精通するよりも個別面接の継続をすすめることになる。

(2) 精神分析理論における「ホンネ」――抑圧されていた無意識

精神分析の概念でいうと、「抑圧されていた無意識」がホンネに相当する。「自由連想と解釈」という伝統的方法でなくても、エクササイズやシェアリングを触発剤として無意識（ホンネ）に気づくことができる。

例えば、「動物の鳴き声をする」エクササイズが恥ずかしくてできないことがきっかけで、「自分は幼児性が出せない人間だ」と気づく。あるいは「あなたは前置きが長いから会話が疲れる」と人に言われ、「自分は思いのほか防衛的である」と気づく、といったことである。

(3) ゲシュタルト理論における「ホンネ」——地（ground）

ゲシュタルト理論でホンネとは「地 ground」のことである。いままで「図 figure」と思い込んでいたが、観点を変えれば「地」がホンネだったと気づくのがそれである。

例えば、「娘の結婚に反対している自分」を「図」にしていた父親が、「娘を手放したくない自分」が「地」であると気づくのがそれである。

(4) 実存主義的カウンセリングにおける「ホンネ」——存在への勇気を駆り立てる志

このアプローチでは、ホンネに相当する概念は「実存」である。

文化や失愛恐怖に左右されず、自分にとって意味のあるあり方をする主体を実存という。したがってホンネとは、「リスクを冒しても、どうしてもそうしたいからするという勇気」のことである。存在への勇気（Courage to be）を駆り立てる志がホンネに相当する。

(5)論理療法における「ホンネ」――ビリーフ（受け取り方）

第五の説明は、アルバート・エリスの論理療法（Rational Emotive Behavior Therapy：REBT）によるものである。この理論ではビリーフ（受け取り方）がホンネに相当する。喜怒哀楽の感情を生み出しているビリーフがホンネと考える。感情よりは認知に力点を置いているのが特長である。

そしてビリーフ（ホンネ）には人を不幸にする悪玉ビリーフ（イラショナルビリーフ）と、人を幸福にする善玉ビリーフ（ラショナルビリーフ）がある。したがって、ホンネを開示するだけでは意味がない。悪玉ホンネ（例：人に愛されない自分は生きている価値がない）を善玉ホンネ（例：愛があるに越したことはない）に修正する場がグループエンカウンターと考える。

(6)交流分析から学ぶエンカウンター絶対主義への警告

第六の説明は、交流分析の理論である。この理論では「相補的交流」がホンネとホンネの交流である。

しかし私は、交流分析の交差的交流や裏面的交流に示唆を得て、エンカウンターだけが生き方ではないと知った。エンカウンターしないほうが、無用なトラブルに巻き込まれないですむことがあるからである。エンカウンター絶対主義（いつでも、どこでも、だれに対してもエンカウンターの姿勢で臨まねばならないという強迫的思想）への警告を交流分析で学んだ。

それゆえ、エンカウンターワークショップの閉会の辞では、「日常生活、特に職場ではエンカウンター精神の抑制が必要」と注意を促すことにしている。「いつでもどこでもエンカウンター」というのは（例：馬鹿正直）幼児的である。未成熟エンカウンターである。

3　エンカウンターとカウンセリングの相異とは

(1) 役割の相違――役割に徹するカウンセリング、役割から抜け出すエンカウンター

エンカウンターとは何か。それを明示する方法として、カウンセリングとの比較をしたい。目的と方法に違いがある。

カウンセリングは問題解決（例：進路相談、結婚相談、育児相談、学級経営相談）のための人間関係である。エンカウンターは生き方を自問自答する求道者の学習会である。

ただし近年、エンカウンターを応用して、不登校・いじめ・学級崩壊の未然防止や、キャリア教育・道徳教育・特別支援教育など問題解決志向のエンカウンターが実践・研究され始

めた。これを「スペシフィック・エンカウンター specific encounter」とか、「学級エンカウンター」と命名している。これが意味するのは、伝統的な個別面接志向のカウンセリングが、エンカウンターの導入によって、グループアプローチ志向のカウンセリングに変貌しつつあるということである。

このスペシフィック・エンカウンターの母体である求道者志向の本来のエンカウンターを「ジェネリック・エンカウンター generic encounter」という。ジェネリックとは、「各論（スペシフィック）に共通する本質的・根本的・普遍的な」という意味である。

このジェネリック・エンカウンターの特色は、パーソナルリレーション（personal relation）である。パーソナルとは肩書きをはずした一人の人間としての自他に向き合うという意味である。

対照的にカウンセリングでは、カウンセラーとクライエントという肩書き（役割）を崩さない人間関係（social relation）が主軸である。カウンセラーは自分の喜怒哀楽や個人的見解を表明してはならない。

例えば、初期ロジャーズ理論におけるカウンセラーの中立性（neutrality）や精神分析理論の白紙の心境（empty screen）でクライエントに対応せねばならないのが肩書き（役割）

に縛られている例である。そういう役割に徹するのがプロフェッショナルであると考える。したがってあまりにもプロフェッショナルに徹しすぎると、プロフェッショナリズム（professionalism）といって、やわ肌の熱き血潮も知らない、人情味の感じられにくいカウンセリングになる。

これとは対照的に、エンカウンターは熱き血潮に燃えることを是とする。すなわち肩書きをはずして（役割から抜け出して）一人の人間として感じたこと・気づいたことを自由に語る解放感・躍動感・武者震いがある。ただし役割から抜け出す勇気（例：外務省の意に反してユダヤ人を救った杉原千畝）が必要である。忘年会とエンカウンターの違いもそこにある。

(2) 方法の相違——カウンセリングの技法の数は五十以上、エンカウンターは五つ

カウンセリングは、他者の行動変容を達成するための技法を五十以上有している。例えば、受容、繰り返し、明確化、支持、質問、教示、助言、リフレーミング、焦点合わせ（アイビイの focusing）、情報提供、解釈、修正感情体験（F．アレキサンダーの corrective emotional experience）、カタルシス、強化法、消去法、脱感作法、説得法、課題法（home assignment）、イメージ法、羞恥心粉砕法、役割交換法、エンプティチェアー、フィードバ

ック、未完の行為の完成、ドリームワーク（夢作業）、プレイセラピー、対決法、指示、かかわり行動などである。

対照的に、エンカウンターの技法は五つである。①インストラクション（指示・説明）、②デモンストレーション（自己開示による例示）、③エクササイズの展開、④インターベンション（介入）、⑤シェアリング（自己開示の相互交流）。ただし、エクササイズ（プログラム）は三百以上ある（『構成的グループエンカウンター事典』二〇〇四年、図書文化）。

(3) 資質・能力の相違――エンカウンターリーダーは自己開示・自己主張を要する

個別面接志向のカウンセラーは、クライエント個人の内的世界（個体内 intra-personal の動き）に対して、感受性・共感的理解と解釈・診断的理解の二つの能力が期待されている。

ＳＧＥのリーダーはグループの動き（inter-personal relation）を感受し、エンカウンターがグループの文化（共有の行動様式）になるように対応していく能力が期待される。すなわち、リーダーシップが問われることになる。ＳＧＥリーダーはカウンセラーよりも、自己開示と自己主張を要するということになる。カウンセラーは中立性保持の必要上、ＳＧＥリーダーほどの自己開示と自己主張を前面に打ち出すことは少ない。

(4) SGEを主軸に個々の内的世界も考慮できるプロフェショナルであれ

エンカウンターとカウンセリングの比較論の結論として、私どもはこう考える。教育カウンセラーは、学級をはじめとするグループを扱う教育者であるから、リーダーシップを要するSGEを主軸にしつつ、一人一人の内的世界をも考慮できるプロフェッショナルであれ、と。エンカウンターになじみのあるカウンセラーは、プロフェッショナリズムに陥らない。心に響くカウンセリングになる。

いっぽう、カウンセリングの素養のあるSGEリーダーは、エンカウンターのセッション中に問題が生じたとき（例：いさかい、引っ込み思案、落ち込み）、個別対応の手際に迷いが少ない。したがって教育カウンセラー養成プログラムには、「カウンセリングの理論と技法」と「SGEの概説と体験学習」を必須科目にしている。

第２章
自己開示とシェアリング

ＳＧＥのキーコンセプトは，
エンカウンターである（１章）。
このエンカウンターのキーコンセプトが，
「自己開示」と「シェアリング」である。
本章ではこの二つの意味と意義を概説する。

1　エンカウンターの「自己開示」とは

(1)自己開示のフレームは感情と認知

自己開示（self-disclosure）とは、自分のホンネを他者にオープンにすることである。ホンネの中味は、感情と認知である。例えば、「親は私が五歳のとき離婚した」と語った場合、自己開示かといえばそうではない。事実の告白であり、感情も認知も語られていないからである。体験談は自己開示とはいえない。「だから離婚した親をいまも恨んでいる」（感情の開示）とか「そのため、私は子どもが十八歳になるまで離婚はしないほうがよいと思っている」（認知の開示）と付言すれば、それがSGEでいう自己開示である。

SGEワークショップの常套句に、「いまのエクササイズを通して感じたこと・気づいたことを語り合ってください」がある。「感情 and/or 認知」の自己開示を促す指示である。

(2)感情と認知は行動の源泉

自己開示のフレームを感情と認知に絞ったわけは二つある。

第一の理由は、カウンセリング理論には、感情を行動の源泉と考える派（例：精神分析理論）、認知（認識・思考・判断）を行動の源泉と考える派（例：ゲシュタルト療法、論理療法、交流分析、実存主義的アプローチ）があり、両方とも生き方を選ぶのに必要なフレームだからである。もう一つ、条件づけを行動の源泉にする派（例：行動理論）もあるが、これはプラグマティズム（有用性を問う哲学）の思想が強いので、実存主義の思想を基調にするエンカウンタームーブメントにはなじみにくいと思われる。ＳＧＥのプログラムにソーシャルスキルやストレスマネジメント、スタディスキルなどが含まれていないのがその例である。

しかしＳＧＥでは行動の自己開示を排除してはいない。論理療法の考えを借用してこう考えている。感情が変われば行動が変わる。思考（ビリーフ）が変われば行動が変わる。感情・思考・行動は三位一体である。例えば、ＳＧＥワークショップで簡便内観を体験し、父へのビリーフと感情に変化が生じた青年が、「ワークショップ会場からこっそり実家の親に電話した」などと事実の開示をすることがある。これは自己開示である。「私は二年浪人した」「私は解雇されたことがある」という事実の報告以上のものがあるからである。事実の報告以上のものとは、感情や認知の開示を伴った事実の開示という意味である。

第二の理由は、カウンセリングの技法に示唆を得てのことである。

カウンセリング技法に、事実の反射（reflection of facts）、感情の反射（reflection of feeling）、価値観の反射（reflection of value 例：あなたは収入よりも生きがいを求めて転職したわけですね）がある。私どもは価値観を含む認知（エリスのいう rational 事実と論理に基づいて考えるの意）を拡大修正して、感情と認知（emotive&cognitive）のフレームで自己開示を促進することにした。事実の反射を捨象したのは、エンカウンターは問題解決がねらいではないからである。問題解決には事実関係を明らかにする必要がある（例：いじめ問題、だれがだれをどんな方法でいつごろからいじめていたかなど）。事実の開示を軽視しているわけではない。ＳＧＥではあまり必要ではないので取り上げなかったのである。

(3) 自己開示絶対主義に陥らない

自己開示がなければエンカウンターとはいえないのか。そんなことはない。ひとことも話さなかった人が心の中で自分と対話して、感情や認知（思考）に変化が生じることがある。したがって、沈黙している人に無理に自己開示をさせてはならない。人には話す権利があるように沈黙の権利もあるからである。ただし、沈黙にも抵抗としての沈黙がある。不快な表情、他者の話を聞いていない、うつむいているなどが標示となる。この場合は「どうされましたか」と介入し、抵抗している自分を開示してもらう。

第一章ではエンカウンター絶対主義に警告を発したが、第二章では自己開示絶対主義に陥らないよう注意を促したい。自我（現実感覚・現実能力）の未熟な人があるがままの自分に対面させられ、どうしてよいかわからず混乱するリスクがあるからである。自己開示のレベルはレディネスのレベルに相当する必要がある。いきなり深い自己開示を自他に求めないほうがよい。例えば、ＳＧＥ初心者にリーダーが自己開示のデモンストレーションを行うとき、深すぎる自己開示は避けたほうがよい。そうでないとメンバーは自己開示が怖くなる。

(4) 自己開示の意義とは、自己肯定感の高揚

自分の内界を他者にオープンにする意義は、ひとことで言えば自己肯定感の高揚である。私は「私は教育学出身の心理学教授です」と、自分のプロフィールを語ることが少なくない。それは先輩のある心理学教授がこう言ったことが機縁である。「國分さんは教育学出身だからほんとうの心理学者ではない」

私は思った。教育学を生かした心理学の専門家になろう。心理学出身の心理学者との違いをアピールしよう。ロジャーズは神学出身の心理学者だ。

教育学出身を生かした心理学者とは、私の場合はカウンセリング心理学、ＳＧＥ、教育カウンセリング、スクールカウンセラー制度の提唱となって具現化している。

事実の自分を受容し表明しても、人生に異変が起こるわけではない。何回も同じ開示をしているうちにそれがわかってくる。それゆえ「あるがままの自分を売りにすればよいのだ」との自己肯定感が育つ。私はそんな体験をした。序章で述べたように、自己開示するには、あるがままの自分を受容するという前提が必要である。自己受容のないままの自己開示は告白・懺悔である。ＳＧＥでいう自己開示ではない。自己受容の宣言が自己開示である。ゆえに自己開示によって自己受容を自己確認していることになる。これを繰り返すたびに、結果として自己肯定感が育つ。自己肯定感は生きる力の源泉である。

2　エンカウンターの「シェアリング」とは

(1)シェアリング四つの功徳

シェアリングとは、グループメンバーが相互に自己開示し合うセッションのことである。その功徳は四つある。

①自分の内界を他者が受け入れてくれた、わかってくれたという被受容感が自己肯定感を育てる。
②「人前で自己が語れた自分」への肯定感。すなわち、グループの中に自分の居場所を自分でつくれたという自己肯定感。
③他者の自己開示に揺さぶられ、自分も自己開示できるようになる。
④他者の自己開示にふれ、自分・他者・人生一般への認識が変わる（例：こんな悩みをもつのは自分だけではない。世の中には私より苦労している人がいる。ものは考え方一つだ）。

(2) シェアリングとグループカウンセリングの相違

シェアリングとグループカウンセリングは、円陣になってトークするという物理的形態は似ているが、以下のような相異がある。

①**グループサイズ**――シェアリングは二人以上百人でも行えるが、グループカウンセリングは五人以上十三人が上限である。

②**リーダーの役割**――シェアリングではリーダーは円陣の外からグループネスを育てる、介入する。グループカウンセリングではカウンセラーも円陣に座し、メンバー一人一人を観

察し介入、コメントする。

③発言の仕方――シェアリングでは「私メッセージ」での発言を要請するが、グループカウンセリングでは「あなたメッセージ」を許容している。メンバーからメンバーへの解釈や明確化・助言などが有用とされているからである。

私どもの経験では、エクササイズでリレーションづくり（防衛機制の緩和）をしてから、グループカウンセリング（各自の問題解決の相互扶助）に入ることをすすめたい。

(3) シェアリングの種類

シェアリングには特定のエクササイズの直後に十分間ほど行うものと、プログラム全体を通して「感じたこと・気づいたこと」を語り合う全体シェアリング（一時間くらい）がある。SGE試行期は「全体ミーティング」と称していたが、その後、國分久子（当時、千葉商大・短大教授）の提案で「全体シェアリング」と呼称を変更した。

呼称変更の話でつけ加えておくと、エクササイズ「ホットシート」を穏やかな「別れの花束」に呼称変更したのは村瀬旻（当時、慶應義塾大学教授）、SGEワークショップの定型プログラム（例：全体シェアリングは必須セッションとする）をつくったのは片野智治（当時、跡見学園女子大学教授）である。

(4) 忘年会と全体シェアリングの違い

忘年会も全体シェアリングかというとそうではない。条件が三つ足りない。

①自己開示はあるが他者受容がない――「おまえアホだよ」「そんなことはおまえが社長になってから言え」。こんな応答はＳＧＥシェアリングにはない。

②会話のフレームがない――見た目には自己開示のようであるが、中味は愚痴、自慢話、人物評価、根回し放談が混在している。

③快楽原則志向である――抑制・抑圧からの解放感はある。シェアリングには役割（肩書き）からの解放感はあるが、自他の現実（あるがままの姿）に向き合う重さがそこにはある。

ここで忘年会とシェアリングを比較した理由は二つある。一つは、シェアリングの特色を描きたかったから。もう一つは、私自身が昔の未完の行為を完成したかったからである。ある学生が某教授に、「エンカウンターよりも忘年会を修論のテーマにしたらどうか。エンカウンターも忘年会も同じようなものだよ」と茶化されたと言った。これを聞いたとき私は即答できなかった（未完の行為）ので、遅まきながら回答したかったのである。

3　自己開示をさまたげるものを乗り越える

シェアリングのキーコンセプトは、自己開示、自他発見、被受容感であるが、こちらが自己開示したのに、だれも自己開示を戻してくれないことがある。自己開示で応じたい気持ちはあるが、自己開示できない人が少なくないからである。そこで自己開示をさまたげている⑴役割、⑵失愛恐怖、⑶罪障感について考察したい。

⑴役割――役割から抜け出す勇気をもて

役割（role）とは、権限（right）と責任（duty）の束のことである。権限とは「しようと思えばすることが許容されている」という意味である。責任とは「したくなくてもせねばならないこと」の意である。すべての人間は現実社会に生きるためには何らかの役割を果たさねばならない。社会生活、職業生活、家庭生活、学校生活など、どの領域にも役割がある。

國分の体験

私が学生部長（役割）として学生団体と連日、交渉（団交）をしていたとき、学生が詰問した。「授業のときと団交のときと、あなたの態度は違うじゃないか。どちらがほんとうの國分さんなんだ」「授業のときがほんとうの俺だ」「じゃあ、団交の國分さんはインチキか！」「そうだ！」――ここで私は気づいた。団交のときは理事会と教授会を傷つけないよう言葉を選んでためらいがちに語る。授業のときは自分を丸出しにして気迫のあるトークをしている。このままだと自分は役割に忠実になりすぎて自分を失っていく。そう気づいた。

そこで次回は自分を丸出しにした。「あなたはクビを覚悟で学生部長を務める気があるのか」と学生に問われこう答えた。「俺一人では答えられない。俺が路頭に迷っても文句はないかを妻に確かめてから次回に答える」――私は役割から抜け出し自分を語る体験をした。

結論は、「役割から抜け出す勇気のあるところに、エンカウンターでいう自己開示が生まれる」となる。職場をクビになるような役割からの離脱（例：杉原千畝）は、一生のうち一度あるかどうか。多くの場合は権限行使の工夫でやりくりできそうに思う（例：武士の情け）。

(2) 失愛恐怖――他者に迎合するなかれ

失愛恐怖（rejection anxiety）とは、他人に気に入られたいので心ならずも「よい子ぶり」をする心理である。序章で述べたように、私は教育分析で「若年寄」と解釈された。分析者の霜田静志いわく「國分君、隣のおばさんから申し分のない人間と評されるようじゃだめだ。あいつはしょうがないやつだと評される無軌道な人間が青年だよ」と。要するに、人に迎合する人間には自己開示はむずかしいということである。

失愛恐怖から脱却するには、エリス（論理療法）の考えが参考になる。

「愛を失ったからといって死刑になるわけじゃない」「だれからも愛されようと思うと、気に入られようとして自分を抑える。その結果、自分の自由を失う。愛されるのもよしあしだよ」「愛されるに越したことはないが、愛がなくても生きられる」「世の中に君の嫌いな人がいるように、世の中には君を嫌いな人もいる。お互いさまだ」

(3) 罪障感――自分を責める心理パターンからの脱却を

罪障感（guilt feeling）とは、「申しわけない」「恥ずかしい」など自分を責める心理である。「家の恥さらしを語るのは家族に申しわけない」「三浪したことは恥ずかしくて人に言えない」がその例である。罪障感への対応策がいくつかある。

①「べきである」を「であるに越したことはない」に修正

罪障感の一つの原因は、ねばならない（should）に固執していることにある。例えば、

「父親は酒乱になるべきではない」「大学は一回で合格すべきである」など。「べきである」を「であるに越したことはない」と修正すると気持ちは楽になる。その思想は「世の中の事実を甘受し、事実の受け取り方を修正せよ」である。

國分の体験

私は昔、刑務所のカウンセラーをしたことがある。

ある殺人犯の青年が、「私は刑期がすめば市民生活に戻れます。しかし被害者は永遠に戻れません。私は苦しいのです」と罪障感を訴えた。私はこう答えた。「あなたは被害者の分まで二人分生きなさい」と。人を殺すべきではないと百万遍繰り返すより、これからどうするかを考えるほうが罪障感が生きてくる。罪障感を消すのではなく、出来事を自分の人生に意味づける（ビリーフを立て直す）という論理療法ベースの対応をした。

その青年の症状（悪夢）が消えたところから推察して、罪障感の多くは「ねばならぬからの脱却」で超克できるのではないかと思われる。

②「であるビリーフ」を修正

もう一つの原因は、「であるビリーフ」に固執していることである。

「私は人をいじめたことがあるダメ人間である」「私は保護者から非難されたダメ教師であ

る」という類いのビリーフがあると情けない自分を開示したくない。

そこで、「昔、いじめたからといって今後永遠にいじめ人間であり続けるわけではない」「非難されたおかげでいまは非難されない教師になった」というぐあいにビリーフを修正すると、自己弱小感（罪障感から派生）は軽減する。

③他者からの投影に巻き込まれない

罪障感の第三の原因として、他者からの投影（責任転嫁）を真に受けて、「申しわけない」と自責に追い込まれることがある。

世の中には自分の責任を他者に転嫁する人がいる。故意にする人もいるが、気づかないましている人が少なくない。

ある校長が新任教師に、「君の学級が崩壊したのは君に根性がないからだ」と説教した。私の解釈では、この校長は自分の教育技術・スーパービジョン能力の欠如を棚上げして、教師の責任にしたと思われる。投影（防衛機制）の典型例である。他者からの投影に巻き込まれないためには、「果たして自分だけの責任か」と事あるごとに自問することである。

自己肯定感があるから自己開示できるのである。罪障感は自己肯定感を低下させるので要注意である。

４　自己開示と二つの類似概念――コンフロンテーション(対決)と自己主張

本章の最後にふれておきたい二つの類似概念が、コンフロンテーションと自己主張である。

(1)コンフロンテーション――言動のギャップ・不一致をフィードバック

コンフロンテーション（confrontation　対決）とは、相手の言動の矛盾を指摘して、相手の自己発見をヘルプする方法である。「言動の矛盾の指摘」として以下の五つがあげられる。

①言葉と言葉の矛盾――例「昨日言ったことと今日言っていることが違うではないか。どういうわけか？」

②言葉と行動の矛盾――例「子どもを愛していると言いながら食事も与えないじゃないか。どういうわけか？」

③言葉と身体言語の矛盾――例「口では平気ですと言いながら手が震えているのはなぜか？」

④身体言語と身体言語の矛盾――例「顔は笑っているが足が震えているのはなぜか？」

⑤行動と行動の矛盾――例「反対集会では反対スピーチをしたのに、投票は白紙というのは

どういうわけか？」

コンフロンテーションとは、言動のギャップ・不一致をフィードバックすることである。したがって、コンフロンテーションは相手のことを語っているわけで、自分のことを語っているわけではない。「私メッセージ」ではなく「あなたメッセージ」である。それゆえ、対決技法は自己開示とは言いがたい。

(2) 自己主張——他者とのかかわりを能動的に行うスキル

自己主張（assertiveness）とは、他者の言動の変化を求めて、他者とのかかわりを能動的に行うスキルである。ソーシャルスキルや脱感作法やリラクゼーション法、ストレスマネジメントなどを用いるので、行動理論志向である。実存主義志向の自己開示とは、思想・理論・技法が異なる。

教育カウンセリングの立場からいえば、自己開示を伴ったコンフロンテーションや自己主張を提唱したい。現実原則の学習が中核となる教育場面では、対決や自己主張が必要だからである（例：「論文を提出すると言いながら提出しない。どうしたのか」「自分は親からのタダ飯を食しているのに、被災者への公的援助をタダ飯と揶揄するのはどういうことか」）。

第３章

ＳＧＥの思想と理論的背景

「存在への勇気（Courage to be)」
「生きるとは自己決定の連続（Being is choosing)」
―― このＳＧＥの思想・モットー具現化の指針として
ＳＧＥを支える五つの理論・方法をひもとく。

以上、二章にわたり概説した三つのコンセプト（エンカウンター、自己開示、シェアリング）を構成（structure）という枠組みで体系化した、生き方・あり方（the way of being）を探究するピアグループを構成的グループエンカウンター（Structured Group Encounter：SGE）という。

いっぽう、非構成という枠組みで体系化した場合をベーシック・エンカウンターグループ（Basic Encounter Group）という。両者とも思想は同じであるが、実践を支える理論と方法に相異がある。

私どもは教育カウンセリングにはSGEのほうが適している（心的外傷が予防しやすい。短時間でも実施できる。教育内容・方法に応用できる）と判断し、SGEを提唱して今日にいたっている。そこでいよいよSGEそのものの説明に入りたい。説明の観点は、一つ目が思想、二つ目が理論、三つ目が第四章で詳説する方法・技法である。

1　SGEの思想――「存在への勇気」「生きるとは自己決定の連続」

あるがままの自分に気づき、他者にオープンにする。それを受けて他者も自分の内界をオープンにする。そしてお互いの世界を共有する。この心的状況を「ふれあい a meeting of two」または「エンカウンター」という。このエンカウンター体験が自他発見（discovery of self & others）をさらに促進する。この促進のプロセスが生き方探究になる。以上が、四十数年SGEを実施・観察・研究してきたとりあえずの結論である。この結論はSGEの思想宣言でもある。

なぜこれが修論や博論のテーマになり得るのか。なぜこれが全国の教育委員会が研修会の一コマにしているのか。なぜ日本教育カウンセラー協会の必須プログラムにしているのか。それはSGEの思想が現代人にとって意味があるからである。

SGEではその思想をモットー化している。一つは「存在への勇気 Courage to be」、もう一つは「生きるとは自己決定の連続 Being is choosing」である。

(1) 存在への勇気（Courage to be）

周知のように、現代社会はうっかりしていると「ほんとうは何をしたいのか。何を欲しているのか」がわからなくなりやすい時代である。私のみるところ、原因はおもに三つあると思われる。①人口移動が激しくなったこと、②家族主義が希薄化したこと、③テクノロジーによりコミュニケーションが便利になったことである。

①人口移動が激しくなった――例えば団地のエレベーターや自治会で言葉を交わしてもあまり自分のことは話さない。いつもゴミ捨て場であいさつする人が先日配偶者を亡くしたことを知らなかった……そんなぐあいの毎日が続く。表層レベルでの人間関係は自己疎外(self-alienation)をもたらす。ほんとうの自分が行方不明になる。そこで「自分を取り戻すことは人生で大事なことである」という思想が注目されるようになる。

②家族主義が希薄化した――これにより、ゲマインシャフト(共同体感覚の味わえるグループ)としてのピアグループにとどまりたいという思いが生まれる。仲間グループから排除されないためグループに迎合する(例:義理でメールに返信)。泣いている自分に気づかず笑っている。これを友達地獄と言うそうである。「泣きたいときに泣いて何が悪いか!」と個の内界をオープンにせよ。ニーチェが「神の奴隷になるなかれ」と言ったように。現代人はグループの奴隷になって自分を失ってはならない。こういう個の自覚を重視する思想がSGEにはある。

③テクノロジーによりコミュニケーションが便利になった――ファックスやメールなど文字を用いてやり取りするとなぜ自分を見失うか。言葉は地図であり現地ではないからである。

一般意味論では、現地を正しく伝える地図（言葉）がよい言葉である。それゆえ、現地を体験しないいまま、あるいは人にオープンにしないまま、言葉だけでやり取りしているうちに現地がはっきりしなくなる（自己疎外）。戦時中、退却という現地を撤退という言葉で表現していた。地図と現地の遊離の例である。実際は苦戦しているのに「目下、善戦中」と報告するのが常であった。エンカウンターでいう「知る・わかる・共有する」には、地図でわかるのではなく現地を開示し合って自他をわかろうという思想がある。体験的認識（experiential understanding）を大事にする。

これらを要約すると、「存在への勇気」とは、文化を超克する勇気、グループの圧力に服従しない勇気、身をていする勇気のことである。これほどの勇気をふりしぼっての個の自覚と個の表現は価値あるものである。この価値観がSGEを生んだのである。

(2) 生きるとは自己決定の連続（Being is choosing）

Being is choosing ——この句はSGEの思想を端的に表現している。「生きるとは自己決定の連続である」「自分が自分の人生の主人公である」の意である。離婚や転職、資格の取得（例：心理師かカウンセラーか）、すべては自分の腹一つである。そのかわり結果がどうあろうと自分の責任であるから甘受する。そういう覚悟の表明。それがBeing is choosingである。これも個の自覚と個の表現を価値あるものとする思想である。

Being（あり方・生き方）の対照語がDoing（技法・応対方法）である。後者はプラグマティズム（有用性を問う哲学）で、前者は実存主義の概念である。それゆえSGEはDoing（例：ソーシャルスキル、アサーションスキル）よりもBeing（損得・効率よりも自分にとって意味ある道を選ぶ生き方）を主軸にしている。

しかしDoingをすべて排除しているわけではない。セッション開始時の握手、ペンネーム、役割分担などのルーティーンを定型化している。型から心に入るという発想である。ロジャーズが言うように「人の立ち居振る舞いはその人の生き方の表れであるThe way of doing is the way of being」。SGEは実存主義哲学が主流ではあるが、プラグマティズムと論理実証主義の哲学は取り入れている。

では、SGEで実存主義というとき、どのようなイメージでこの言葉を使っているか。

実存主義哲学（existentialism）は、観念論哲学（idealism）に対峙する。観念論では、目に見えないところに永遠不滅のものがあるとの前提がある（例：神、観念、イデー、絶対精神など）。実存主義は、目で見える肉体をもったやがて死滅する個々の人間が究極的存在であると考える。その個は永遠不滅のものに頼らず、自分で自分の歩む道を探さねばならない。そういう前提から出発する。

絶対的存在を知るには、抽象的能力（ギリシャ時代は数学・音楽といわれた由）が必要とされている。思考力が乏しい人間は究極的存在が認識できないとのイメージがある。これと対照的に実存主義は、個としての自分を知るには体験的認識が不可欠と考える。読書して愛がわかるものではない。母に愛されて愛の実体がわかる。子どもと一緒に入浴して、子どもへの愛がしみじみわかる。このような認識論である。それゆえＳＧＥワークショップでは「ノートはとるな、体験してほしい」と参加者に要請している。

実存主義哲学の三つの枠組みについて要約すると以下のようになる。

①**存在論**——この人生で究極的に存在するのは、明日死ぬかもしれない個々の人間である。

②**認識論**——人生の本質は考えてわかるものではない。体験的認識が不可欠である。統計処理ではわからない。人に聞いてもわからない。冷暖は自知せよ。

③**価値論**——どう生きるか。神の言うとおりにせず、自分にとって意味があると思ったことをせよ。失敗したら自分で責任をとれ。失敗を甘受せよ。

(3)思想の母体は異なってもSGEは実践可能

ここで思想について付言しておく。私は、「SGEの実践者はすべて実存主義者たるべし」と提唱しているわけではない。思想は哲学だけを根拠にしているわけではない。文学、宗教、芸術、社会科学、自然科学等、それぞれ母体とする思想を生きる指針にしている人もいる。それゆえ、実存主義哲学に転向、宗旨がえしないとSGEができないわけではない。思想は事実や現象への解釈・読み取り、意味づけ・受け取り方のことであるから十人十色である。すなわち個人の選択の自由はある。したがって思想の母体は異なっていても、個の自覚と個の表現を価値あるものとする思想であればSGEをさまたげるものではない。

例えば、「白人も黒人も人として平等」と思想を唱え続けたキング牧師。「Courage to be」の著者ティリッヒは神学者である。「芸術は爆発だ」と自己を打ち出した岡本太郎。「商行為は倫理である」といったアダム・スミス。自己疎外（自分の存在する意味を失っている心的状況）を最初に指摘したのはマルクス（後年エーリッヒ・フロムが取り上げた）である。

米国の一九六〇〜七〇年代のカウンセリング界は実存主義全盛であった。私ども夫婦は、そのコンテキストのなかでエンカウンターの思想にふれた。それゆえ思想的には実存主義思想を核にした折衷主義の立場をとっている。

2　SGEの理論――SGEを構成する五つの理論とは

理論（概念の束）とは、ある現象を説明するフレーム（枠組み）であり、ある行動の結果を予測する羅針盤であり、ある研究仮説を生む母体である。

このような機能を果たすSGE理論は五つある。(1)ゲシュタルト療法理論、(2)ロジャーズの自己理論、(3)精神分析理論、(4)論理療法理論（Rational Emotive Behavior Therapy：REBT）、(5)ムスターカスの人間関係論である。これを順に説明する。

(1)ゲシュタルト療法理論――SGEの方法（エクササイズ）の基盤

一つめのゲシュタルト療法理論は、SGEの方法の基盤（エクササイズがSGEの方法の核になっているの意）になっている。

①「感情を伴った洞察」を提唱

ゲシュタルト療法は精神分析の「解釈して洞察させる」方法を批判した。「知的洞察」は行動変容に効果がないという理由である。「感情を伴った洞察」のほうが効果があるとする。

あるエクササイズ（課題）を実践すれば、解釈など与えなくても本人が自分から気づくというのである。

私の見聞した例を一つ示す。

娘を失った女性が、「私の看病が下手だったから娘は死んだ。私は罪深い母親だ」と泣いた。ゲシュタルト・セラピストは手元にあった枕をその母親に渡し、こう指示した。「その枕を娘だと思い、いま私に語った気持ちを娘さんに伝えてください」と。母親は生きている娘に語りかけていると思えるほどリアルに語った。しばらくしてセラピストが「はい、そこまで」と制し、「いまどんな感じですか What are you feeling right now?」と聞いた。

「いま、語りながら気づいたのです。当時私は二十三歳でした。三十歳のいまの私なら違う対応をしたでしょうが、当時はあれしかできなかった。二十三歳なりに私はベストを尽くしたんだ。娘もそう思って許してくれるのではないか。そんな感じがしてきました」

これが感情を伴った洞察である。セラピストの応答は「よかったですね That's fine」程度であった。解釈・コメントはない。

②SGEはゲシュタルト療法のマイルド版

SGEはセラピーではないので、例のような重いエクササイズは定型プログラムには組み入れてはいない。しかし「エクササイズを介して感じたこと、気づいたことをシェアリングしてください」というSGEの定型の指示法は、ゲシュタルト療法の原理そのものである。

ゲシュタルト療法のエクササイズは、心理劇ベースのロールプレイのほかに、ドリームワーク（dream work）、エンプティチェア（empty chair）、役割交換法、未完の行為の完成などがある。ＳＧＥはドリームワーク以外は活用することがあるが、原則として対話法を用いるエクササイズである。

例えば、「社長か副社長か。あなたはどちらになりたいですか。そのわけは何ですか」というテーマについて、お互いに語り合いながら自分の価値観や人生観や欲望に気づく。あるいは、「自分の人生に影響を与えた人物または出来事を語る」「人生で情けない、みじめな思いをした体験を語る」――このようなエクササイズがＳＧＥには三百以上ある。

児童生徒には「感情を伴った洞察」は重すぎるので、「将来の夢を語る」といった意識レベルにとどまる程度のエクササイズがたくさん開発されている（『エンカウンターで学級が変わる』シリーズ等、図書文化）。

ゲシュタルト療法とSGEのエクササイズの展開の仕方には若干の違いがある。ゲシュタルト療法では、グループの前で特定の個人がエクササイズをしているのをメンバーが見ている図が主である。ゆえに一つのセッションで数人がエクササイズをする。ほかは観衆である。

ＳＧＥは一つのセッションで全員同時に同じエクササイズをし、全員がシェアリングに参加する。観衆の前での特定個人のエクササイズは、全体シェアリング場面で必要に応じて行う。これにはＳＧＥリーダーに、プロフェッショナルなカウンセリング技法を要請したい。

ひとことで言えば、ＳＧＥはゲシュタルト療法のマイルド版といえる。「感情を伴った洞察」という概念は精神分析に起因しているが、パールズ（ゲシュタルト療法の創始者フリッツ・パールズは精神分析家の時代があった）が精神分析にゲシュタルト理論を導入して、図から地に観点をシフトするのに、エクササイズで揺さぶりをかける方法を開発した。図から地への転観を「感情を伴った洞察」というのである。

③ＳＧＥ実践者は、慈母・慈父であれ

私はパールズに会ったことはないが、彼の著作から推論すると、歯に衣を着せないストレートな表現をする人であった。例えばワークショップの導入で、パールズはこう言ったという。「このワークショップで心的外傷を受ける人がいるかもしれない。しかしそれは僕の責任ではない。このワークショップ参加を選んだ君たちの責任だ」

また、日本の禅を知りたくて京都の禅寺に滞在したときのことについては、「毎日のよう

に禅僧が僕にいろいろ聞きに来た。僕は教えてやった。禅はミステリアスで僕は学ぶものがなかった」

こんなエピソードもある。ワークショップでけんかが始まり、パールズはその一人を殴った。殴られた男性は倒れて泣いたが、泣いている最中に「わかりました！」と叫んだという。図と地の転観が起こった瞬間である。後に弟子の一人が「先生、歳を考えてください。先生が逆に殴り返されて転倒死したかもしれませんよ」と言った。するとパールズは、「自分の命が惜しいようではセラピストは務まらない！」と。なかなかの強気である。

SGE実践者はこんなに強気ではなく、慈母・慈父のようであれ。

これがSGEはゲシュタルト療法のマイルド版であるという一例である。

私ども夫婦の師匠ムスターカスが、私的会話でもらしたことがある。「僕はパールズのワークショップに参加したことがあるが、怖かった。終始ビクビクしていた。だから学ぶどころじゃなかったよ」と。

(2)ロジャーズの自己理論——SGEグループ運営の前提

SGEはロジャーズ理論の「非審判的・許容的雰囲気が自己一致（あるがままの自分に素

直な生き方）を促進する」を前提にグループの運営をしている。「私メッセージで語る」「相手の言動を解釈しない」「無理に自己開示を強要しない」というルールがそれである。

非審判的・許容的雰囲気をつくる技法としてロジャーズは、受容・繰り返し・明確化・支持・質問などを提唱した。

いっぽう、ＳＧＥはそれらに相当するものとしてシェアリング（エクササイズを体験して感じたこと・気づいたことをメンバー同士が語り合うセッション）を必須としている。シェアリングは受容・共感だけでなく、異論・反論・不快・拒否表明も含まれる。それらが防衛機制でなく自己開示であれば、グループ全体の許容度は高まる。

ＳＧＥのめざす人物像は「肩書きに縛られない、あるがままの一人の人間としての自分を自覚している人」であるが、これはロジャーズ理論の自己一致（self-congruence 事実の自分と理想・願望の自分とのギャップがない状況）のことである。自己開示とシェアリングは自己一致への一里塚である。

(3) 精神分析理論――「抵抗の処理」が防衛機制の除去に有用

第三に、精神分析理論がＳＧＥにどのように関与しているかを述べたい。結論からいうと、

「抵抗の処理」という分析技法の核概念が参加者の防衛機制の除去に有用である。

ロジャーズは「非審判・許容的雰囲気」をさまたげる参加者の抵抗を問題視しなかった。精神分析は権威的であるから抵抗がおこる。いっぽうロジャーズの理論は相手を患者扱いしないで客として遇する。つまり横目線の人間関係ゆえ抵抗が生じないというのである。

ＳＧＥでは相手を客どころか一歩進んで一人の人間として相対する。"person to person"である。しかし、客であろうと一人の人間であろうと、人間関係には防衛機制（抵抗）が働く。許容的雰囲気（defenseless 無防衛的）にならないことが少なくない。そこで精神分析の出番となる。

抵抗（自分のホンネを出したくない心理）の原因について、精神分析理論では以下の三つをあげている。

①**超自我抵抗**――プライド、倫理感（ねばならぬ志向）、恥ずかしさなどに由来する抵抗。

②**自我抵抗**――余計なことを話したら損をする。出る杭は打たれる。自己開示してよいかどうか空気が読めない。

③**エス抵抗**――快楽原則に支配されての抵抗（例：いまさら父との問題に立ち向かって暗い気持ちになりたくない。このセッションはみじめになるからやりたくない）。

精神分析では解釈して抵抗の原因に気づかせようとするが、ＳＧＥでは乗り気でない自分に気づくだけでよしとする。気づけばそれを話題にして話が弾むから（シェアリング）、本人が自ら抵抗を乗り越えると考える。

メンバーの抵抗を放置するとグループ全体の防衛的雰囲気が緩和しない。「あたらず触らず」の対応が定着するからである。ＳＧＥリーダーがメンバーの抵抗に気づき、公共の話題にするという斬り込みを支えるのが精神分析理論である。

抵抗に気づくための手がかりを、箇条書きでいくつか紹介する。①人の話を聞いている感がない、②会話に参加せず傍観、③不快・不満の表情、④理屈が多い、⑤抽象的表現が多い、⑥専門用語を使いたがる、⑦人の言動を論評する、⑧説明が多い、⑨頑固・筋道を通すことを優先する、⑩目を閉じて腕組みをしている、⑪愛想がよいわりには話に実がない、⑫指定のトピックを無視して雑談で持ち時間を費やす、⑬セッション中に中座する、などである。

ＳＧＥでいう「抵抗の処理」とは、要するに「自分は雑談でごまかしている」というありのままの姿に対面させることである。「私はまじめに自分のことを話したのに、それを受けてもらえず嫌な気がした」と仲間に言われて「自分は茶化して場をしのぐ生き方をしてきた」と気づく。これが精神分析の抵抗処理をマイルドにしたＳＧＥの抵抗処理である。

(4) 論理療法理論——ＳＧＥで活用されている三つの理論

ＳＧＥに貢献している第四の理論は論理療法である。この理論は以下の三つの面でＳＧＥに活用されている。

①三位一体論——ＳＧＥインストラクションで活用

一つは、「思考・感情・行動は相互に関連し合っている」という三位一体論をシェアリングの導入インストラクションで用いていることである。「感じたこと・気づいたことを語り合ってください」というのがそれである。

考えたこと（感想・思考・ビリーフ）をまず語るのは大学のゼミである。考えは言い負かされる恐れがあるから開示は慎重になる。ところが喜怒哀楽の感情は言い負かされることはないから表明しやすい。表明したあとでなぜ悲しいのか、なぜ憎いのかを考えて、それを表明する。考えを表明すると「これからこうしよう」と行動を修正する気持ちになる。こんなぐあいに三つは連動している。

歌を例に説明しよう。

言うほどの仲良し夫婦じゃなかったが逝かれて一年何このさみしさは

田辺市　池添希伊子（朝日新聞　二〇一六年　十一月七日）

さみしい（感情）と気づけば、「やっぱり愛していたのだ」とのビリーフ（思考）に気づく。気づけば墓参りにも行く（行動）というのが三位一体論である。

思考・感情・行動のなかで比較的表現しやすいのは行動である（例：葬儀のときは悲しいが、悲しくてもお辞儀くらいはできる）。それゆえ、ＳＧＥはエクサザイズ（作業）してもらい、その作業を通してはっきりしてきた感情や思考を語る。

②自分で自分のビリーフ（思考）をつくる知的勇気

ＳＧＥが論理療法の影響を受けている第二は、文化を含む他者からの洗脳を逆洗脳して、自分で自分のビリーフ（思考）をつくるという知的勇気である。

「人に愛されねばならない」「失敗すべきではない」「完全であらねばならない」「男は泣くべきではない」など、他者から教わったビリーフにチャレンジする知的勇気はＳＧＥのスピリットである。

ＳＧＥワークショップを「文化的孤島」というが、これは文化超克の心意気を示す言葉である。

論理療法の創始者アルバート・エリスは論理実証主義哲学（logical positivism）、実存主義哲学、文化人類学などを背景に常識にとらわれない自分を打ち出す勇気があった。

③落ち込みへの応急対応としての簡便法

最後にもう一つ、セッション中に落ち込むメンバーがいた場合の応急対応には、短時間で問題を解くことをめざす簡便法としての論理療法が有効である。

(5)ムスターカスの人間関係論——日常語「ふれあい」の実態明解化

ＳＧＥに貢献している第五の理論がムスターカスの人間関係論である。人間の対人態度は次の三種類を総合したものであるとの提唱である。

① Being-in——相手の内界を相手の目で見て、相手の世界を共有する生き方である。

例：ムスターカスのクライエント少年ジミーが白血病のため、ベッドの上で不安に駆られ泣いていた。ムスターカスはジミーの手を握り、ジミーの不安を一緒に味わった。

② Being-for——相手のためにアクションを起こすことである。

例：ムスターカスが私を弁護するために、大学教授と論争したことがある。「僕はアメリカン・ジャスティスが冒されていると思ったのだ」と、彼はのちに語っていた。

③ Being-with——「人は人なり、われはわれなり」というあり方である。人生にはまれに妥協・迎合できないときがある。四面楚歌でも自分を打ち出すあり方である。

3　SGEの「ふれあい」とは何か

ムスターカス理論は、SGEでいう「ふれあい」は仲よしクラブレベル（ソーシャルスキルのレベル）以上のものであるという理論である。SGEでいうふれあいの中身は三つある。

(1) ワンネス Oneness

自分と他者が一つの世界を共有していること（例：授乳中の母親と乳児の一体感）。相手の世界に入っていき、相手の世界を共に味わうことである。

国分の体験

私がミシガン州立大学で博士課程修了をかけた面接試験当日の朝、指導教授のファーカーとこんな会話をかわした。

「昨夜は眠れたか?」「眠れませんでした」「僕も眠れなかった。君が面接試験で不合格になったら、指導した僕も不合格ということになる。今日の試験は君と僕が一緒に受けるようなものなんだ」――二人で同じ思いを味わう瞬間。これがワンネスである。

(2) ウィネス Weness

旅の道連れ。他者に寄り添っている、寄り添ってもらっているという共存感（例：悲嘆に暮れている人の肩に手を置き、相手は手を置かれていると感じるとき）。

國分の体験

私がアメリカ留学時、アルバイトは時間制限はあったものの許可されていたが、留学生担当教授はそれを認めなかった。私がムスターカスに、アルバイトができず困っている旨を話すと、彼は私を連れて担当教授の部屋に行き、激しく口論した。退室後、「僕のためにけんかまでしていただき、誠に申し訳ありません」と謝罪した私に、彼はこう言った。「人間は大事なときには波風を立てる勇気をもたなければいけない」――これは「Being-for」であげた例でもある。私からすればムスターカスに寄り添ってもらったことになるが、ムスターカス自身は彼の生き方に照らして行動を起こさずにはいられなかったのであろう。

(3) アイネス Iness

私にもあなたにもそれぞれの選択があると認め合う人間関係（例：結婚した子どもを見送る親と見送られる子ども）。あるいは、私には私の考えがあることを打ち出すこと。

國分の体験

カウンセラーになりたてのころ、年長者から「先生」と呼ばれてうれしくなった私は、師匠の霜田に報告した。「おかげさまで私も、年上の人から先生と呼ばれるほどになりました」。すると師匠は、「その人は君が偉いから先生と呼んだわけではない。君の精神分析の知識に頭を下げているのであり、君という人間に頭を下げているわけではない」と厳しい口調で私をたしなめた。弟子として師匠にふれてもらった大切な瞬間である。

「ふれあい」という日常語の実態をムスターカス理論は明解にした。ふれあいとは、しみじみと人生を味わっている瞬間である。ＳＧＥのエクササイズはこの三種のふれあいのいずれかを「図」にする（気づかせる）働きがある。

片野智治は、エクササイズをワンネス系（共感性の高まるエクササイズ）、ウィネス系（他者理解への関心が高まるエクササイズ）、アイネス系（自己肯定感の高まるエクササイズ）に分類し、効果を比較研究したことがある。ゆえに、自己開示とシェアリングを促すメニュー（エクササイズ）によって「ふれあい」のニュアンスに若干の特異性はあると推論される。

第４章

ＳＧＥの方法と技法

ＳＧＥの方法とは，
ＳＧＥの目標（自己開示とシェアリングの深化）を
達成するための方針（strategy 戦略）のことである。
ＳＧＥの技法とは，
方針にそって実際にアクションを起こすときの
起こし方（intervention 介入）のことである。

1　SGEの方法――グループ活動に枠を設定

どういう条件を設定すれば、メンバーは自己開示とシェアリングが安心して深化できるか。SGEの答えはシンプルである。グループ活動に枠を設定すること。すなわち言動を規正することである。

主となる枠は以下の六つである。①話題の設定、②時間制限、③グループサイズの設定、④グルーピングの条件、⑤参加者の条件、⑥外界との交信の制限である。

このように意図的に枠組みされた集団を「構成的グループ structured group」という。

①話題の設定

枠を与えると自由を束縛するのではないか、と思われがちだがそうではない。

例えば、「何でもよいから何か話してくれ」と頼まれると、何を話そうかなぁと考え込んでしまうが、「アメリカの大学院教育のよかったことを一つだけ語ってくれ」と限定されると「よし」とすぐ腹が決まる。SGEはエクササイズで話題を特定するので話しやすい。いきなり自己開示せよと要請され、待ってましたと応ずる人は少ない。「相手について聞きたいことを聞く」「相手への印象を語る」といったぐあいにテーマを指定されたほうが自由に語れる。

②時間制限

話題の設定と同じ原理である。「一時間話してくれ」と言われるとそんなに話せるかなとまどうが、「三分間スピーチだ」と時間制限を示されると「よし」となる。持ち時間に限りがあるから要点が語れる。持ち時間が多いと話がだらけて雑談風になる。ＳＧＥに時間配分のマニュアルはない。参加メンバーのレディネスとモチベーションを勘案してその場で指示する。

③グループサイズの設定

これも同じ原理である。百人の前では「私は二回留年した」と語れない人でも二人だけなら自由に話せる。ＳＧＥでは二人組、三人組、四人組と段階的にグループサイズを大きくして自己開示が自由にできるよう枠組みに柔軟性を持たせている。

④グルーピングの条件

異性を含む五人一組、話したことのない同士の二人一組、背丈が同じくらいの人で五人一組というぐあいである。人生では苦手な人・嫌いな人と席や仕事を一緒にすることがある。それゆえ、意図的にさまざまな人と出会っているうちに他者理解・他者肯定の気持ちが育つという意味の枠である。副効果としてグループが一つになりやすい、党派別にならないというメリットがある。

⑤参加者の条件

心身の病気のある人は参加を控えてもらうということである。病気になるとトレランスが低下するので心的外傷を受けやすい。周りの参加者は手加減して対応するのでエンカウンターしにくいグループになる。ただし、学級にはさまざまな子どもがいるのでその都度除外できない。ゆえに健常な大人向きのSGEを子ども向き・学級版に修正する必要がある。それがスペシフィックSGE、学級SGE開発の動機である。

⑥外界との交信の制限

SGE参加期間中は、休憩時間などに家人・友人に電話しないというルールのこと。精神分析でいう「ザルもれ」防止策である。「僕はいまSGEで……」と語ると先方が意見を言うであろう。「いま、SGEで……」はSGEメンバーに語らないことにはSGEに参加した意味がない。家人・友人の意見で納得してしまったらSGEで語るネタがなくなる。ネタがなくなるとは、自他発見の手がかりを失うという意味である。

宿泊制SGEの場合は、新聞・テレビも見ないようにすすめている。外界より自分の内界探究に集中したほうがＳＧＥの効果も高まるという経験上の仮説からである。

以上の六つはＳＧＥの一般的な枠であるが、枠の追加が必要な場合もある。

例えば、正直に語ると職場に戻ってから人間関係が気まずくなってしまうなど、参加メンバーに利害関係が発生する可能性がある場合には、同じ職場からの参加は一人に限るといった枠を設定する。そのほか、配偶者・親友を伴っての参加は断る、校長・指導主事・教諭など肩書きを消すほうが自由になれるので全員がペンネームにする、などの枠が表現の自由に有効である。

２　ＳＧＥの技法――主たる五つの技法とは

ＳＧＥの主たる技法は、⑴インストラクション、⑵デモンストレーション、⑶エクササイズの展開、⑷インターベンション、⑸シェアリングの五つである。

⑴インストラクション（instruction　指示・説明）

「ＳＧＥ全体について」と「エクササイズ一つ一つについて」の二種類がある。

①ワークショップ導入時のインストラクション

ＳＧＥワークショップ導入時、参加者が納得して参加するために、以下の四つの内容の説明を行う。

①ＳＧＥの目的（ふれあいと自他理解）、②ＳＧＥの内容・方法（エクササイズを介してのパーソナルリレーション）、③ＳＧＥの留意点（自己開示は強要すべきではない）、④参加者が必要と思われる情報（例：カウンセリングとの関係、学校教育に有用なわけ）。

留意点の一つは、インストラクションがレクチャー（講義・講釈）にならないこと。ＳＧＥの知識を伝達するのではなく、ＳＧＥを体験したいと意欲を高めるのが目的である。そのためには、リーダーの個人体験を材料にして、自己開示的なトーク風の説明をする。概念（例：自己開示）の解説はレクチャーである。

第二は、結論から話すこと。考えないとわからない話し方でなく、考えなくても「それならわかる」という話し方。それが「結論から」の意味である。考えないとわからない話し方は、話す人が話しながら考えている（例：自由連想）からと思われる。

ＳＧＥはゼミではない。音楽会か演劇に近い。「感じてわかってもらうこと」が主になるという意味である。

②エクサイズ導入時のインストラクション

いよいよSGEの実施に入る。エクササイズを体験する導入のインストラクションは次の三点を簡にして要を得た語り口で行う。くどく語ると聞き手は疲れて意欲減退である。

①エクササイズの名称を板書する。

②エクササイズのねらいを一語または句で板書する（例：自己肯定感、他者理解、他者との関係の中での自分、甘える・甘えさせる体験など）。次に、このエクササイズでこのねらいが達せられた自分の体験を語る。体験していないものを人にはすすめられないからである。自分には効果がなかったが仲間には効果があった場合は正直にそれを告げる。自分にはなぜ効果がなかったかを開示するのも、参加者のエクササイズへの関心・意欲を高めることにつながる。

③他者にトラウマ（心的外傷）を与えないための注意事項等の留意点を口頭で伝える。板書が多くなると、SGEのワクワク感が授業風景で消失するからである（注意の例：「人の人生を聞かせてもらうのだから、話の途中でからかったり笑ったりしないこと」「言いたくない人は無理に言う必要はない。『パス』とだけ言えばよい」など）。また、納得してから参加してもらうため、説明後「何か質問があればどうぞ」をつけ加える。エクササイズ

をこなせばよいわけではない。レディネスとモチベーションが学習条件である。

(2)デモンストレーション（demonstration 例示）

「ではここでしてみます」とリーダーはしてみせる。それがデモンストレーションである。

SGEのデモンストレーションは、行動カウンセリングの技法「モデリング modeling」とは違う。モデリングはスキルの模倣のためである。師匠の声の抑揚をまねて歌や詩吟を学習するのがモデリング（模倣法）である。

SGEのデモンストレーションは例示であるから「このとおりまねしてやれ」というものではない。名画をまねするのではなく、名画を見た感動を原動力として自分の流儀で自分の絵画を創作する。この名画に相当するのがSGEリーダーのデモンストレーションである。感動（見ている人の感情をゆさぶるの意）を呼ぶデモンストレーションは、リーダーがほんとうに体験した感情が伝わるような表現を工夫する必要がある。一般意味論（general semantics）でいう「現地が正しく伝わる地図（言葉）」を工夫することである。それゆえ三分くらいのデモンストレーションでも数週間かけて準備するわけである。

例えば「僕の父（継父）はいい父親だった」では現地が見えない。「僕に結婚話があったとき、『おまえは俺の子どもだ。養子には出さないぞ』と言ったんです。僕は初めておやじに愛されていると思ったんですよ」多くのメンバーは「納得！」と思うであろう。涙ぐんで私もそんな自己開示をしたいという人もいるであろう。

感動を伴うデモンストレーションを準備するプロセスは「自分とのエンカウンター」が深化するプロセスである。デモンストレーションを見て意欲が高まったら、すぐエクササイズの実施に入る。意欲が高まってからグルーピングしたり追加説明をするのは意欲が冷めてしまうので避ける。

(3) エクササイズの展開

さきほどのインストラクションとデモンストレーションで要領はわかっているので、すぐ実施に入る。持ち時間だけは指示する。授業時のような机間巡視はあまりしないが全体の様子を絶えず観察し、必要と思えば間髪を入れず介入する。それは次のような場合である。

(4) インターベンション（intervention　介入）

介入とは問題解決のため能動的に人または状況にかかわることである。カウンセリングはカウンセリングそのものが介入であるが、ＳＧＥでは、以下にあげる特定の場面のみが介入の対象である。①抵抗現象がみられるとき、②トラウマが生じそうなとき、③感情がコントロールできないとき、④指示どおり行動していないとき、⑤長話、抽象的な話、論評風の語りのとき。

ＳＧＥの介入は①～⑤の状況をやめさせる介入ではなく、こういう状況を教材にして、自他へのエンカウンターを深化させるのが目的となる。したがって「どうしたのですか」「どんな気持ちなのですか」とあるがままの自分に対峙し、オープンにしやすくする質問技法が主となる。セッション終了後、この体験をシェアリングのトピックにできるとなおよい。

(5) シェアリング（sharing 自己開示の相互交流）

①シェアリングとはどんな体験か

釈迦にある女性が訴えた。「私は一人息子を失いました。この悲しみを何とかしてくれませんか」と。釈迦は女性に茶碗を渡し、近隣の人々から一粒ずつケシの実をもらってくるよう指示した（エクササイズ）。

やがて茶碗をケシの実でいっぱいにした女性が戻ってきた。「わかりましたか」と釈迦が聞くと、女性は「よくわかりました」と答えた。茶碗を持って近隣を一軒一軒訪ねると、「なぜこんなことを?」とみんなから聞かれる。女性が理由を言うと、「そうでしたか……実は私も息子を戦で失ったのです」「私は娘を流行病で亡くしました」と語る。お互いに自己開示し合っているうちに（シェアリング）、世の中には会者定離（愛するものとの別れ）で悲しむ人々がいることを知ったのである。「私だけの悲しみではない。それがわかった（認知の変容、地が図になる）」と言うのである。

ＳＧＥのシェアリングには、メンバーがお互いに認知（受け取り方・考え方）を修正・拡大するという機能がある。自己開示の一人芝居より、他者とのやりとりのある自己開示のほうが「生きる探究」には有効である。これがＳＧＥシェアリングの発想である。全体ミーティングという呼称を全体シェアリングに改称したときの國分久子の提唱であった。

②シェアリング三つのパターン

・ショートシェアリング（エクササイズ完了直後）

ウォーミングアップレベルのエクササイズ（例：自由歩行、自己紹介・二人で聞き合う）なら時間は一人三十秒～一分強程度、リレーションづくりレベル（例：二者択一、印象を語る、忘れ得ぬ人）なら一人一分強を目安に行う。簡便内観のように重いエクササイズの場合、小グループ全体で十五～二十分程度。時間は多すぎると話が冗漫になり、少なすぎると未完の行為（不全感）が残る。ＳＧＥは空気を読んで時間配分を即断する。迷いは禁物である。

・インターグループシェアリング（小グループの内容を他の小グループに発表し共有する）

これは時として自発的発表のないことがある。もしリーダーが「このまま放置しないほうがよい」「みんなの刺激剤になるかもしれない」と思う状況に気づいているときは介入する（例：「一人で長く語り続けたために他のメンバーの時間を奪ったのではないかと気にしている人はいませんか」「Ａさんは泣いておられたようですが、そのわけを僕らとシェアするのはどうですか」「Ｂグループは何となく話が弾まなかったようですがどうですか」）。

・全体シェアリング（ＳＧＥの途中または終結時にまとめとして行う）

参加者全員が二重か三重の輪になって座し（標準六十分前後）、「ＳＧＥ会場到着からいままでの間に感じたこと・気づいたこと」をテーマに自由に語る一種のエクササイズである。

リーダーは輪の外に立ち、個々のメンバーとグループ全体を観察し、必要なら介入する。放談会・同窓会・反省会にしてはならない、グループカウンセリングではない、ゼミ討論会・ディベート研修ではない、と腹を決めて観察する。要するに「自己開示と被受容感のあるグループになりつつあるかどうか」だけを頭において観察し、介入するのである。

このとき技法としてむずかしいのは、特定の個人の提唱した問題がネックになってグループの動きが空回転する場面である。その特定個人を脇に置いて、他のメンバー優先で発言するわけにいかないので、リーダーがみんなの前で特定個人にかかわる介入をする。

介入の技法は、簡便法を用いた対話法、ロールプレイ、役割交換法、エンプティチェア、心理劇などである。この個別対応（標準は十～二十五分）後、見学していたメンバーに「見ていて感じたこと・気づいたことを語り合う」のテーマでシェアリングをしてもらう。

ＳＧＥでの個別対応の内容は人間に共通する問題（生老病死への向かい合い方）であるから、このシェアリングは各メンバーの「自己発見」の深化を促進するようである。

結論として、新興ＳＧＥが伝統的カウンセリング（個別面接）と方法・技法において異なる点を勘案したうえで、両方を駆使できるのが教育カウンセラーであるといいたい。

ところで、個別対応の介入が全体シェアリングを深化させることをＳＧＥで最初にデモンストレーションしたのは國分久子である。長年の心理臨床の経験を生かしての提唱であった。シェアリングを活用してピアスーパービジョン方式を提唱したのは片野智治であり、シェアリングそのものを論文テーマにしたのは大友秀人が最初である。

3　カウンセリングとSGEの技法上の違い

カウンセリングとSGEの技法上の違いを、①時間、②場所、③技法、④対象の四項目について概説する。

①時間

【カウンセリング】一セッションは四十〜五十分と設定され、時間オーバーはしない。一週間に一回が標準である。インターバル期間中（次回面接までの六日間）にカウンセリングで得たことを吟味・試行錯誤する。カウンセリングを連日行うのは特例である。定期的に行うのは、現実原則に適応できず困っている人に「いずれまたの日にどうぞ」では不安は解消しないからである。依存の対象が保証されている期間が必要である。

【SGE】一セッション五分のときもあれば、四十分のときもある。定期的（例：週一回）ではなく不定期である。連日SGEが原則（宿泊制）で、そのエッセンスを半日あるいは一日に要約して研修会に活用している。SGEは現実原則の中で生きている人たちが対象であるから、「いずれまたの日」方式でも人を放置したことにならない安心感がある（そのため、カウンセリングのつもりでＳＧＥに参加することのないよう事前説明が必要）。

②場所

【カウンセリング】窓に薄いカーテンが引かれ、テーブルの花瓶に花が一輪挿してあるリビングルーム風のくつろげる個室が標準イメージである。精神分析的に個室は母の胎内を象徴している。カウンセリングが終了するとは母の胎内から現実原則の世界に誕生することである。

【SGE】ＳＧＥには胎内に戻るという発想がない。「いま、ここ here & now」をどう生きるか」を父・母（カウンセラー）に聞くのではなく、仲間と語り合うわけである。それゆえ、芝生の上、体育館の床の上、教室、民宿の畳の上、どこでもよい。

③技法

【カウンセリング】クライエントは自分の問題で頭がいっぱいで人に話を聞いてほしい欲求が強いため、カウンセラーは相手の話を聞く技法を開発した（例：かかわり技法、質問技法）。

【SGE】メンバーは話をしたい欲求が強いので、聞く技法より話しやすくする場づくりの技法をカウンセリングに示唆を得て開発した（例：ゲシュタルト療法のエクササイズ、行動理論のモデリングに示唆を得たデモンストレーション、介入時のオープンクエスチョン（開かれた質問）、グループカウンセリングを大修正したシェアリング）。

④対象

【カウンセリング】特定個人（クライエント）を対象としたサポート。グループカウンセリングでも同じである。

【SGE】主たる対象がグループのアクティブラーニング（学習者参加型学習）のサポート。

カウンセラーとSGEリーダー技法上の違いは、それぞれの目的の違いに由来している。カウンセラーは、「一時的にエゴ機能（トレランス、柔軟性、現実感覚）が弱くなっている人の「補助自我を務めるための技法」を必要とする。

いっぽう、SGEリーダーは、エゴ機能は健常に機能しているが、「生き方・あり方を模索している人」の超自我機能（右往左往しない一貫性・安定性）を果たすメンター（師匠）である。そのために工夫をした結果の技法である。

結論として教育カウンセラーは、「子どもの補助自我になる技法」と「超自我対象を示し得る技法」をこなせるのが好ましい。教育カウンセラー養成カリキュラムではそうしている。

第５章

教育カウンセラーにとってのＳＧＥ

カウンセリングを生かして教育の質を向上させるために
専門の学びを行った者が教育カウンセラーである。

教育カウンセラーの資格取得要件にはＳＧＥ体験が入っている。

教育カウンセラーに，なぜＳＧＥは必要なのか。

「教育分析としてのＳＧＥ」

「かくされたカリキュラム」

「パーソナルリレーション」

三つのキーワードからひもとく。

1　教育分析としてのＳＧＥ

⑴ＳＧＥ体験は教育分析体験

教育分析とは精神分析用語である。精神分析者になるには教育分析（週一回。二〜三年にわたることも）が必須である。

ゲシュタルト療法の創始者フリッツ・パールズは、Ｗ．ライヒから教育分析を受けたが、ライヒが分析室の内と外とでは態度が違うことに失望し、ゲシュタルト理論で精神分析を修正し、ゲシュタルト・セラピストに変身した。

交流分析のバーンは教育分析で「ユダヤ人である自分をかくすために苗字を修正する欺瞞的人間は精神分析者に不適」と指摘されて破門され、精神分析の口語版といわれる交流分析を開発・提唱した。

教育分析は精神分析者にとって、キャリア形成上の関所のようなものであった。教育分析とは神経症治療のために受ける精神分析ではなく、精神分析者が自分のパーソナリティを検討するために受ける精神分析である。患者用の精神分析とは別の理論・技法があるわけではない。

精神分析界の教育分析（training analysis）がカウンセリング界にも導入され、カウンセリング心理学分野では必須体験となっている。私はアメリカに留学中、論理療法のモーガン教授から週一回ずつ二十数回受けた。國分久子はムスターカスからスーパービジョンと教育分析を融合した教育分析を私と同じリズムで受けた。

カウンセリング界では教育分析を“training analysis”といわず、“personal counseling”を受けると表現する。最初の授業で教授が自己紹介するのがアメリカの大学院の常であるが、「何か質問は？」と締めくくると必ずフロアーから「先生はだれから教育分析を受け、スーパービジョンはだれから？」との質問が出る。答える教授は誇らしげである。学生はその教授のパーソナリティと腕を信用する。その雰囲気は共同体風である。

精神分析界でもカウンセリング界でも、教育分析は個人面接法である。毎週通う時間のやりくりのほか面接料金もかかる。

いっぽう、休日を利用して開催される宿泊制ＳＧＥは時間も支出もコンパクトで、効果も個人面接法に劣らない。そこでＳＧＥ体験を教育分析体験と読みかえるよう私どもは提唱するようになった。

⑵ 教育カウンセラーに教育分析が必要なわけ

カウンセリングを教育に生かすための専門性を有する教育カウンセラーにとってなぜ教育分析は必要か。理由は、「自分の言動のパターン、そのパターンの意味、そのパターンの源泉・原因に気づくと他者を傷つけることが少なくなる。自分の行動を自戒（意識して言動を選ぶの意）するようになる」からである。精神分析者や心理カウンセラーに教育分析が必要な理由と同じである。

釈迦の例がわかりやすい。ある青年に「熱い火箸を握れ」と促した。青年は恐る恐る触った。釈迦いわく「火箸が熱いことを知っているからやけどしなかった。熱いことを知らなかったらぐっと握って手はやけどしていた」と。自分の言動の癖・偏向に気づいていると、注意しつつ話し、動くから人を傷つけないですむ。これが教育分析のねらいである。

國分の体験――三人の師から受けた教育分析

①「若年寄・失愛恐怖」の気づき

自分の言動の癖・偏向に気づくとはどんなことか例示したい。

私は幼少期からヤングアダルトのころまで、品行方正・学術優等の申し分ないといわれる人間であった。何の悩みもなかったが、プロの分析者になりたいなら教育分析を受けるという業界の常識で、受けるだけ受けてみようという程度のモチベーションだった。

前述のように、私は霜田静志教授にこう告げられた。「君は要するに若年寄なんだ」――私は一人で飲み屋の止まり木に座ったこともないし、喫茶店に入ったこともない青年だった。教育実習のとき、生徒にまったくもてなかった理由がわかった。年齢の割に老けているとは「子ども心」を抑圧しているわけである。その結果、他者の子ども心を共有できない。他者から見れば、とりつく島もない教育実習生である。

私はこの教育分析で、自分の言動パターンは若年寄であり、このパターンの意味は失愛恐怖（人に気に入られたい）、失愛恐怖の源泉・原因は、母が姑への気遣いに追われ私どころではないという状況からの不安――こう自己分析した。いまの私が当時の私に、「自由に生きればよいんだ」と心の中でアドバイスしている。そんな形で教育分析を生かしている。

②「自分は生意気である」という気づき

私は友田不二男教授（当時、國學院大學教授。ロジャーズ理論の日本での先達）にも教育分析を受けた。動機は「ロジェリアンのカウンセリングを受けたら、ロジャーズの理論と技法が体験学習できるのではないか」という思いだった。

ロジャーズ理論と技法は、思っていたよりずっと鋭く厳しいものであった。許容的雰囲気が、あるがままの自分（actual self）に気づかせるという意味がよくわかった。私の気づきは、「自分は生意気である」であった。何を知らないかを知らない調子者の自分に気づいた。

私が友田教授に「分析料はいくらお支払いすればよろしいですか」と質問すると、「ただの人もおられますし、一回〇〇円の方もおられます。どうぞご自由に」と応じた。

帰路、私は気づいた。ロジェリアンは精神分析者でないことを知っているのに、私はなぜカウンセリング料ではなく分析料という言葉を使ったのか。「自分は精神分析者の卵である。ロジャーズに服さないぞ」そんな闘志があると気づいた。なぜ俺はそんなに闘争的なのか。結局目立ちたがり屋なんだ。そんな自問自答を友田宅を辞したあとはいつも繰り返した。

あるとき、「英語で話してもいいんですか」と私が言うと、先生の反応は「私にフォローできますかなぁ」とひとことであった。なぜ私は英語で話そうとしたのか。「やっぱり俺は目立ちたがり屋なんだ。六人きょうだいの中で育ったせいで、ほかのきょうだいに負けないよう目立つ方法を工夫する傾向がある」そう自己分析した。それゆえ、なるべく人の役に立つ目立ち方を工夫しよう。そんな結論でいまも生きている。

③ラショナル・セラピストの自由さを学ぶ

アメリカではモーガン博士（エリスの弟子）から教育分析を受け、ラショナル・セラピストの自由さを学んだ。私個人のパーソナリティへの気づきというよりは、教育分析のあり方に示唆を得た。

初回面接で「何をしゃべってもよい」と導入されたので、「先生の奥さんの悪口でもいいですか」と聞くと「いいよ」とひとこと。そこで私は言った。「この間の授業で、奥さんがむずかしい質問をして先生は困っておられました。僕は人前で自分の夫に恥をかかせる妻は嫌いなんです」。先生いわく「君は夫唱婦随が好きらしいが、アメリカの夫婦は友達感覚なんだ。たいていあんなものだよ。俺は恥をかかされたという感じはない」と。あるとき、「君、タバコを一本くれないか」と言われたので、タバコを差し出すと、それを受け取りながら「いま、君はどんな感じだ」と聞く。「僕の好意を受け取ってくださってうれしい感じです」と私。「おお、そうか」と先生。要するに、自己開示風に会話が弾むのである。

最終回に私がしみじみと謝意を語ると、「君はこれからどうするんだ」と聞かれた。「ミシガン州立大学の博士課程に入ります。先生は?」と返すと、「俺はほんとうは転勤したくないが、家族を養うために収入の高いカリフォルニアに移ることにした。男はつらいよねぇ」

教育分析は自己発見のほかに、対応の仕方（理論の具象化）を学ぶという意味がある。

(3) 教育分析としてのSGE体験を

三人の師から受けた教育分析の骨子を語ったが、こういう体験がSGEでもできるというのが結論である。教育カウンセラーは自分の言動の癖・偏向に気づかないと、悪意がなくても他者を傷つけることがある。それを防ぐために教育分析としてのSGE体験をすすめたい。「心の傷を与える」とは特に、①逆転移、②引きさげ、③回避のことである。

①逆転移——お門違いの人に自分の感情をぶつけること。例えば、父を恐れている人が父のように強気の保護者に出会うと、自分の父に対するかのように萎縮してしまう。あるいは幼児性の強い人が生徒に幼児性を揺り動かせられて、子どもと一緒に幼児的行動に走る。

②引きさげ——劣等感があると他者の言動を支持できずけなしてしまう。例えば、統計学の苦手な人が「統計で人の心はわからない」とけなす。現場の役に立っていない人が役に立っている人を称賛せず、「君は心理学の論文がない」と評する。

③回避——異性にこだわりのある人は、異性の生徒や保護者とは心理的距離をおきたい。あるいは自分の弱点を知られたくないので、人との親交を避けたがる。

要するに、あるがままの自分に気づき、それを受容しておけば、そのあるがままの自分が突如現れて自他を傷つけないですむ。それがSGE教育分析の意義である。

２　かくされたカリキュラム

(1)「かくされたカリキュラム」が終生を支える教育に

周知のように、カリキュラムには教科教育のカリキュラムと生徒指導のカリキュラムがある。このほかに、計画外・予定外のカリキュラム（厳密にいえば偶然のやりとり）がある。これを「かくされたカリキュラム」あるいは「偶然のカリキュラム」と呼ぶ。

子どもにとって、教師の言葉（自己開示）やふるまい（行動の仕方）が、教育にとって非常に大事だと強調したい。予期しない場面での教師との対話が、終生自分を支える教育になるからである。教師の自己開示がどのような教育的効果をもたらすか、私が三人の師から受けたかくされたカリキュラムから例を示したい。

国分の体験――三人の師から受けた「かくされたカリキュラム」

①教師の自己開示が子どもの生き方教育になる

アメリカに留学中、私は酒の席で指導教授のファーカーにこう尋ねた。「先生は学生と一緒に酒を飲んで親しくなっても、成績が悪ければ落とすんでしょうね」「落とすよ」とファーカー。「親しい人間を落とすことにせつなさはないのですか？」「せつなさはある。しかし、私が一ドルでもお金をもらって学生を教えている以上、よい学生を卒業させて成績の悪い学生を落とす責任が私にはある」「それはミシガン州立大学の名誉にかかわるからでしょうね」。この問いに彼はこう答えた。「いや、私は勤務している大学のために一生懸命仕事をしているわけではない。いいかげんな人間を卒業させると市民に迷惑をかけることになるからだ。世間の役に立つサイコロジストとカウンセラーを世間に出すのが私の責任だ。だから涙をのんで学生を切るんだ」――このファーカーの職業観、生き方は私の人生に影響を与えている。

②教師の自己開示が子どもに人生を考えさせる

同じく、私がアメリカに留学中、指導教授がカウンセリングを行っている場面を、学生たちがブースの一部にかくれて観察するワンサイドミラーという授業があった。

面接後のゼミで、指導教授のムスターカスに私はこう質問した。

「もしもあの子が『みんなが観察している中でカウンセリングを受けるのは嫌だ』とだだをこね出したら、先生はどのように対処されるつもりでしたか？」。彼はためらいもなくこう言った「僕は子どもにこういうつもりだ。『僕は君を助けたくてここに来ている。君は自分の問題を解決したくてここに来ている。大学院生は僕のやり方を知りたくてあそこにかくれて僕のやり方を観察している。世の中の人はみんなそれぞれの思いを持って生きているんだ。みんなが君のためだけに生きているわけではない』――僕はこの人生の事実を語って聞かせるつもりだ」と。

「自分のためだけの人生ではない」という事実に直面させると身が引き締まる。ここから、「では自分はどう生きるか」という生き方の模索が始まるのである。

③教師の自己開示が終生を支える教育になる

教師が目の前にいる子どもにどんな思いをもっているかを語ることが、子どもの生きる意欲や人生の転機につながることがある。これは終生その人を支える教育になる。

師匠が病気で面会謝絶になった。いよいよ逝かれるときがきた……そう思った私はお別れとお礼の手紙を大きな字で五行ほど記し速達で送った。先生の意識が戻ったとき、ご三男の義雄さんが音読してくださった際、師匠霜田静志（八十三歳）はこう言われたという。

「僕のおかげで今日の國分君があるわけではない。僕を選び僕についてくるという人生選択をした國分君の業績だ。そう伝えてくれ」――私は霜田師匠が「Being is choosing だ」とコメントされたと解している。

(2)日常生活でＳＧＥ風人間修養を

こういう瞬間が、かくされたカリキュラムである。

教育カウンセラーはこういう瞬間を子どもに提示できるとよい。そのためには、内容の濃い自己開示（例：汝らのうち罪なき者のみ石にてこの女を打て）ができる人間修養を重ねることである。

ＳＧＥ風の人間修養とは、日常生活で体験した出来事（苦しいこと、不満なこと、腹の立つこと、ひとこと言いたいこと、泣きたいことなど）について、その都度「感じたこと・気づいたこと」を自問自答することである。

要領は日常内観と同じである。「〇〇（例：母、父、上司など）にしてもらったこと・して返したこと・迷惑をかけたこと」というフレームで心的内界を探索するように、ＳＧＥのフレーム（感じたこと・気づいたこと）で自己の深部に迫るのである。普段からそうしていれば、いざある場面に遭遇した瞬間、自分の感情・思考・行動が発現する。

私が学生結婚して生活が苦しかったころ、「お金って貯まらないものですねぇ」とぼやくと、霜田師匠は即座に答えた。「國分君、若いときに金など貯めようと思ったらダメだ。金は勉強のために使え。やがてその勉強が生きるときがくる。そうなると金は自然に貯まるよ」――師匠は自らの若き日の体験から、「感じたこと・気づいたこと」をとっさに語られたのである。

私の「日常SGE」の例を列挙する。

「妻の入院による一人暮らしについて感じたこと・気づいたこと」「喪中あいさつの葉書を受け取って感じたこと・気づいたこと」「トランプ米大統領をめぐるジャーナリストや政治家の発言について感じたこと・気づいたこと」「公認心理師誕生のプロセスについて感じたこと・気づいたこと」「高学歴集団のブラック企業並みのマネジメントについて感じたこと・気づいたこと」「アメリカの大学院について感じたこと・気づいたこと」など。

「個人的見解を語ってはならない」と中立性を強調する心理のプロフェッショナルがいるかもしれない。しかし、われわれの父も母も祖父母も中立的立場で子どもや孫を育ててきたか。そうではあるまい。

私の教え子で合宿SGEのときパンを食さず、ライスオンリーの学生がいた。理由を尋ねると、「僕の家は米屋です。おやじから『米屋の息子はパンを食うな!』としつけられたんです」と答えた。教育カウンセラーも同じである。「俺のクラスの君たちはきょうだいだ。きょうだいは仲よくしろ。これが俺のクラスの方針だ」と。

(3)「かくされたカリキュラム」はユニバーサル

ロジャーズも言うように、見かけは個人的発言のようでも、内容は人間共有の感情・思考ということがある。ロジャーズの"To be personal is to be universal"とはそのことである。

ここでも私の例を示したい。

私が陸幼生徒のころ、些細なことが気になったのでクラス担任（柴田寿彦生徒監）に相談したことがある。話し終わると、「君の悩みはそれだけか」と聞かれた。「はい」と答えると、柴田生徒監はこう言った「そんな小さいことを悩みにするな。もっと大きなことで悩め。俺はいつも大きな悩みを抱えている。俺は昔、兵隊が演習中に泥沼に落ちて助けられなかったことがある。それ以来、兵隊を死なせない指揮のとり方をいつも考えている。それが俺の大きな悩みだ」と。

この「かくされたカリキュラム」は個人的見解のようでありながら、ユニバーサル（だれにでも通用するビリーフ）である。

自己中心的な人、世間知らずの人（苦労不足の意）のコメントは個人的見解オンリーになりがちである。かくされたカリキュラムには、自己中心的な人や苦労知らずの人に対する認知修正の機能があると思われる。

３　パーソナルリレーション

⑴子どもとパーソナルな関係が持てる教育者であれ

師弟関係は「私は教師、君は生徒」という役割関係だけでは教育機能は不十分である。パーソナルな関係（役割に縛られない一人の人間としての情の交流）が教育には不可欠である。そのためにはＳＧＥ体験が役に立つ。それが本項の結論である。

北見芳雄（東京理科大学教育心理学教授）の調査によると、東京理科大生の多くは、生徒のころに好きだった教員がたまたま東京理科大卒だったので受験したという。好き嫌いの関係（パーソナルリレーション）が、人生選択に影響するというのである。

私が青年前期に身をおいた軍人の世界ではこれが顕著であった。階級（役割）が上だからといって「突撃！」と号令をかければ部下はすぐに立ち上がるものではない。普段から「この上官となら一緒に死んでもよい」と思うようなパーソナルな関係があればこそ、いっせいに立ち上がり突撃してくれるのである。それゆえ生徒監は生徒にこう教えていた。「君たちの部下には帝国大学出もいれば刑務所出もいる。分けへだてはするな。人としてはみんな同じだ。君たちだって陸幼・陸士を出て、小隊長・中隊長になっても刑務所出と同じ人間だ。人間と人間のつきあいができないと、指導者（指揮官）になっても人はついてこない」

教育者も同じである。学校に通うのが楽しみ、先生の授業が楽しみ、卒業後も会うのが楽しみ、私もあの先生のような人間になりたい、あの先生の科目を将来専攻したい――子どもたちがこう思ってくれる先生とは、生徒とパーソナルな関係が持てる教育者である。

あるとき、私の教え子（高校教諭）から相談の電話があった。

「生徒が話をせがむのですが、どんな話をすればいいのでしょうか」と聞くので、「君は俺のカウンセリングを受けたよね。あのときの話をしたらどうか」と私がアドバイスすると、「恥ずかしくて話せません」と言う。「では、たしか君は留年したよね。この話はどうだ」「恥ずかしくて話せません」「参ったなぁ。君、話しても恥ずかしくないトピックはないのか」少し考えて彼は言った。「やっぱり僕は物理の話しかできないんですよ」――この青年教師は、生徒のふれあい要求に応えてパーソナルな話（自己開示）ができない。こういう教師には、ぜひSGE体験をすすめたい。

パーソナルな関係は心理的距離を縮めるだけでなく、子どもも先生を模倣してパーソナルな話がしやすくなる。その結果、師弟の絆が深まる。

(2)役割関係と感情交流のさじ加減を状況に応じて工夫せよ

ここでは、パーソナルリレーションだけでは仲よしクラブにはなるが、教育集団にはならないということに留意したい。教育集団には役割関係（責任・権限または権利）が、ＳＧＥにはルール（例：沈黙の権利を守る。リーダーの指示は尊重する）が不可欠である。教師の場合、給料は役割関係に対して払われているので私情を抑制する現実判断能力が必要である。

陸幼時代、前出の柴田生徒監の命令を失念した週番生徒（交代制級長）が困っていたので、私が柴田生徒監に確認しに行くと、ひとこと厳しく叱責された。「命令は一回だ！」――このとりつく島もない拒否は指導者の役割からのものである。これを見ていた下士官の高橋曹長が、そっと小声で命令内容を耳打ちしてくれた（パーソナル）ので助かった。

結論は、ソーシャルリレーション（役割関係）とパーソナルリレーション（感情交流）のさじ加減を状況に応じて工夫せよということになる。

(3)プロフェッショナル・アイデンティティ（役割意識）を維持せよ

本章での例示には、陸幼体験からの引用に偏向したきらいがある。それは私のＳＧＥへの関心は陸幼体験に端を発しているからではないかと思われる。そこでカウンセリング界でソーシャルリレーションとパーソナルリレーションのバランスのよい典型例（稲村博）と、バランスが崩れた典型例（ロジャーズ）を紹介しておきたい。

稲村博（当時、筑波大学社会医学系助教授）は、自殺願望のある学生には自宅の電話番号を教え、「夜中でもいいから、不安になったらいつでも電話しなさい」と告げ、この方法を「心の絆療法」と名づけた。

いっぽうのロジャーズの場合、彼に惹かれた女性クライエントがあとを追って転居し、面接に通ってきたことがある。その女性が面接場面で"I love you"と言った。ロジャーズは受容・繰り返し・明確化などを用いて対応したが、女性は立腹して「私は真実を語っているのに先生はなぜ誠実に対応しないのか」と迫った。そこでロジャーズも返した"I love you"と。パーソナルリレーション一〇〇パーセントである。しかしロジャーズは怖くなって、あるときはプロフェッショナルに、あるときはパーソナルにと対応が乱れてきた。最後に頭が真っ白になった（I went almost to pieces）。そこで面接を中断し、妻と保養の旅に出た。

この話が示唆するのはパーソナルリレーションが逆転移（感情の渦に巻き込まれること）に発展しないよう注意せよとの教訓である。プロフェッショナル・アイデンティティ（役割意識）を絶えず維持するに越したことはないという教訓である。

第６章

子どもにとってのＳＧＥ

グループアプローチを提唱するのはなぜか。
学校教育へのＳＧＥ導入は,
「リレーション」「キャリア教育」「学業」
の三つにメリットがあるからである。

1 なぜグループアプローチなのか——子どもにとって三つのメリット

教育カウンセリングとは、スクールカウンセリングと同義である。臨床心理学ベースのものと識別するために、カウンセリング心理学ベース源流のものを教育カウンセリングと呼称している。源流のスクールカウンセリングの特長は、個人面接方式よりもグループアプローチにある。グループ全体に対してあるプログラム（例：SGEのエクササイズ）を課すことにより個の成長を促進する方式のことである。なぜグループアプローチを提唱するのか。なぜ特別活動だけでは不十分なのか。これが本章のテーマである。学校教育へのSGE導入は、①リレーション、②キャリア教育、③学業の三つにメリットがある。

2 SGE学校導入のメリット①「リレーション」

(1)不登校・いじめ予防にグループアプローチを

一九九五年に臨床心理学ベースのスクールカウンセラー制度が発足したが、二〇一八年の現在も、不登校・いじめの件数の減少はみられない。たしかに個別面接で立ち直るが、一人が立ち直ると翌日は新規の不登校児が現れるので全体件数は減らない。それゆえ、不登校が生じない学級を育てる必要がある。結局、不登校の多くは学校を拒否しているのではなく、級友グループになじめないことにある。学校拒否ではなくグループ（人間関係）の拒否というほうが正確である。したがって「個人面接志向のスクールカウンセリングから居場所のあるグループづくりのスクールカウンセリングへ」と戦略（ストラテジー）を切りかえる必要がある。そのためにSGEの導入を提唱したい。

いじめも同じ原理である。二〇一三年にいじめ防止対策推進法が施行されたが、現在もいじめは後を絶たない。「ふれあいのある学級づくり」の発想と技法が現スクールカウンセラー制度ではメインになっていないからである。いじめの傍観者への対応策も実践研究が乏しい。そこでグループアプローチをメインにするスクールカウンセリング、教育カウンセリング・ガイダンスカウンセリングの導入が期待される。例えば、二〇一六年、東京都教育委員会は定時制高校の退学率を減少させるためにSGEを導入した。加勇田修士がチームリーダーになって二十数校でSGEを実施したところ、ただちに退学者が激減した。また、河村茂雄らの研究では、Q－U（楽しい学校生活を送るためのアンケート）によるアセスメントを手がかりにＳＧＥを導入すると学級崩壊が防止できることがわかってきた。

ＳＧＥは学級にふれあい文化（風土）をつくるので「安心して自己表現できる」「仲間は私をわかってくれている」「私は受け入れられている」という感じが育つ（マズローのいう安定感・認められたい欲求が満たされる）。すなわち学級集団に自分の居場所があるという感じになれる。エクササイズを通して自分に内的世界があるように、人にもそれぞれの世界があることがわかってくると（自他理解）、他を排除・攻撃しなくてもお互いに居場所を確保できることが体験学習できるからである。

(2) パーソナルとソーシャル、二つのリレーションを同時体験

ＳＧＥを導入しなくても、一緒に掃除したりチームで学芸会の出しものを企画したりする特別活動でも人間関係はできるのではないかとも考えられる。私の理解では、特活によって、協力の能力、グループリーダーの能力、グループ活動への参加能力が高まるであろう。しかし、自他理解という内的世界の交流体験が特活の目的ではない。特活のソーシャルリレーション（役割）をこなす能力と、ＳＧＥのふれあいというパーソナルリレーション（私的世界の共有）を持つ能力との違いがそこにはある。

自己開示しなくてもソーシャルリレーションは展開できる（例：嫁・姑の役割をこなせば好きでなくても同居できる）。もしも、ソーシャルリレーション＋パーソナルリレーションであれば（例：好きな友人と一緒に同じ場所を掃除する）これほど人生で楽しいことはない。子どもの世界に、この二つの人間関係を同時体験できるようカリキュラム・マネジメントをするのがＳＧＥとしての願望である。この願望の私の根拠はこうである。保護者会でＳＧＥを実施すると、よそよそしかった保護者会の雰囲気が和む（パーソナルリレーション）。するとＰＴＡの役員を気持ちよく引き受ける挙手があちこちで起こる。私の推論は逆は真ならず。パーソナルリレーションがあってこそ機能するソーシャルリレーションである。

(3) 学級でＳＧＥを行う際の技法上の留意点

これは学級・教員集団にも共通する原理と思われる。

①ふざけ防止――たとえ悪気はなくても、「ブス」「くさい」などと人を傷つける発言は禁止する。これはエクササイズ説明時に厳しく要請する。人の人生を聞かせてもらうのだから敬意を持って聞く、というルールを子どもの年齢相応に説明する。

②テーマ選択の留意点――シングルペアレントの子どもが少なくないため、家庭生活に関す

るテーマ（エクササイズ、設題）は子どものストレスにならないものを選ぶ。また、学級全体のおよそ6％は、「学習面または行動面で著しい困難を示す」子どもであるという実態を受け、どんな子どもでも参加できるエクササイズにするか、パスしてもよいことにするなどストレス予防に留意する。

③事後のサポート──事後必ず、振り返り用紙に記入させるかシェアリングを行い、不全感・劣等感・自己弱小感が残っていないかを確認する。SGEがマイナス効果だったのではと気になるときは、すぐその子どもに声かけをする。サポートの意思表示をしておくこと。以上は要するに「心的外傷の予防心得」である。

(4) 教師と管理職にとってのメリット

子どものためのつもりのSGEが、教師と管理職のメリットにもなることを付言したい。

一つは教師のリーダーシップ能力が高まることである。SGEを展開しているうちに、①グループをまとめる（全員が共通の行動様式をとる）、②グループを動かす（エクササイズのねらい達成への行動を促進する）、③一人一人の子どもへのケアを心がける、の三つの能力が身につくからである。エクササイズのねらい・方法・実施上の留意点の説明、デモンストレーション、エクササイズの展開、介入、シェアリングの手順を毎回繰り返しているうちに、リーダーシップの三大能力が養われる。授業も学級経営も腕があがる。

管理職にとってのメリットとは、全学級でＳＧＥが行われるようになると、教員同士が「学級開きにどんなエクササイズを用いているの？」「異性と組みたがらない子どもがいる場合どうしている？」といったぐあいに教員同士が交流するようになる。その結果、教員グループが一つにまとまるので、学校運営がしやすくなる。

3　ＳＧＥ学校導入のメリット②「キャリア教育」

⑴キャリア教育とは「自分の志をどう実現するか」を考える教育

臨床心理学ベースのスクールカウンセリングの扱う問題はメンタルヘルスが主となるが、カウンセリング心理学ベースのスクールカウンセリングの扱う主たる問題は発達課題（すべての子どもが年齢ごとに乗り越えねばならない人生問題。学業、進路〔キャリア〕、社会性、人格形成、健康）である。

前項のパーソナルリレーションは、社会性と人格の育成にＳＧＥが有意義であると述べた。

本項では進路指導（キャリア教育）にＳＧＥがどのように有用かを概説したい。

キャリア教育の根本的なコンセプトは、「人は仕事を通して成長する」ということである。仕事を通して新しい能力・興味を発見するとその能力・興味を生かす次の仕事に移りたくなる。仕事が変遷するとは、その人が成長しているということになる。

例えば、私は一般教養の教授を二十年近くしているうちに専門教養の教授職に関心が生じ、東京理科大学から筑波大学に転じた。その後、専門教育を教育現場に拡大しようと思い、教育カウンセリングの普及にコミットした。そのうちカウンセリングを生かしたマネジメントに興味が生じ、学部長・副学長を務めた。

仕事を変える場合、つまみ食いのように職を転々とする人と、ある一つの志（例：人を助けたい、地域の役に立ちたい）を次々と展開していく人がいる。キャリア教育でいうキャリア発達（career development）は後者である。キャリア発達は人間成長の証ともいえる。

キャリア教育とは職業・学校の選択指導ではなく、人生の時間をどう使うか（どう生きるか）の教育である。人生時間の使い方は、職業、社交、育児、ボランティア、趣味・娯楽、親交、孤独・隠遁などさまざまである。どの選択が自分にとって意味があるか。生計を立てるためであればどんな仕事でもよい場合は「労働 labour」といい、労働を売って収入を得ている。「仕事 work」は志を生きている状態をいう。したがって、どこでだれに労働を売るかの指導ではなく、自分の志をどう実現するかを考える教育、これがキャリア教育である。

(2) SGEがキャリア教育に貢献できる四つのこと

キャリア教育を以上のように定義すると、そのために子どもは次の学習が必要になる。①志を持つ、②先を見ていまを生きる、③自己肯定感、④意味づけである。以上四つにSGEがどのように貢献できるか概観したい。

①志を持つ——多様なエクササイズを通して、人・もの・抽象の世界にふれる

志とはキャリア心理学の言葉でいえばアンカーである（錨。船は錨を降ろしておかないと潮に流されるの意。シャインの説）。クランボルツ風にいえばプランである（planned happen stance theory 志あるところに良縁くるという説）。

志の育て方の定説はないが、SGEの実践からは、各種のエクササイズから自分の興味・価値観、現実状況、自己効力感などを自己開示やシェアリングで意識化されると思われる。

ただしキャリア教育でいう志とは、エンジニアになるとかバレリーナになるとか特化した職業への興味を持つことではない。人の世界、ものの世界、抽象の世界などいずれの世界に

自分は向かいたいのか、という漠然としたレベルの志向性のことである。

青年前・中期には、興味志向で職業選択はすすめないほうがよい。興味があっても能力の有無が必要条件だからである。興味と能力があっても現実条件（例：財力）がないと選択できない。興味・能力・現実条件を吟味して職を選ぶのは、青年後期以降になると思われる。

それゆえ児童生徒にとって志の学習とは多様な経験（SGEでは多様なエクササイズ）を通して、人・もの・抽象の世界にふれることである（例：人の世界では「社長と副社長のどちらになりたいか」など人間関係にふれる課題、ものの世界では損得を考えるエクササイズ、抽象の世界では音楽・絵画などを取り入れたエクササイズ）。

人の世界で自分の人生を送りたい志の人は、やがて興味・能力・現実条件を勘案して、販売、福祉、医療、教育、保育などに特化した分野を選ぶであろう。同様に、ものの世界に志を立てた人は、製造、建築、金融などに特化した選択を、抽象の世界に志ある人は、芸術、数理、音楽、哲学、文学、宗教、科学などの特化分野に仕事の拠点を持つであろう。そういう職業人の基礎教育が児童生徒の志の教育である。そこにSGEは貢献できる。

②先を見ていまを生きる――「自分との往復書簡」等のエクササイズが有用

「テクノロジーが発達すると現在の職業の多くはなくなるのではないか。残るのはケアの仕事くらいではないか」——現代は先の見えない時代であると、不安・危機感を示す識者が少なくない。しかし暗夜を歩まねばならない。そのとき一灯があれば子どもたちの生きる力がわいてくる。その一灯とは、先（将来）を見ていまを生きる力である。

「先を見ていまを生きる力」について、私とフランクルの戦後体験を例にしたい。

昭和二十年、敗戦で私が在校していた陸幼が解散した。当時、国破れて……と絶望し自決された方々もおられた。その状況の中で若い見習士官がこう諭した。「いまでこそ何もかもないが、あと九年したら元の日本に戻る。その間、君たちは学問をしろ」——簡単明瞭でシンプルな訓話だったが、生徒たちの暗夜の一灯になった。

フランクルはユダヤ人収容所で生き残った理由をこう述べた。「私は肉体労働をしているとき、戦後この体験を語ろう。演題はどうつけて、会場はどこにしようか、そんなことを考えていたので『いま、ここ』から抜け出すことができた。肉体労働に埋没しないですんだ」

先を見ていまを生きる態度は、キャリア教育の第二のコンセプトである。そのためのSGEの代表エクササイズは「自分との往復書簡」である。例えば小五の子どもが二十歳の自分に手紙を書く。書き終えたらその手紙への返事を二十歳の自分になったつもりで書く、これを数回繰り返すエクササイズである。このほか、卒業生を教室に招いて、卒業後の人生を語ってもらい質疑応答するなど、将来を見るエクササイズの開発を期待したい。

将来を見ていまを生きる能力は、現在の苦境に耐える力の源泉になるので、子どもの場合はキャリア教育の結果、学習意欲も高まり、非行も生じない。

③自己肯定感——論理療法基調のエクササイズで自己肯定感の育成を

キャリアを展開するのに必要な能力の第三は、自己肯定感である。すなわち、あるがままの自分を卑下していると、自分を打ち出すのをとまどいがちになる。自己決定・自己選択、リスクを冒す勇気が出てこない。

「自分は口下手だがアイデアマンである」「自分は人に好かれないが闘志はある」といったぐあいに、事実の自分に気づき、それを生かした生き方（actual self）の受容を自己肯定という。これは、ＳＧＥ体験で育てることができる。

自己肯定感を育むＳＧＥの代表的なエクササイズには、「自己概念」「エゴグラム」「ライフライン」「私は自分が好きです。なぜならば」「私はあなたが好きです。なぜならば」「別れの花束」などがある。

自己肯定感の低い人（例：人生の裏街道を歩みがちの人、その仕事は私にさせてくださいと言えない人、ポストが赤いのは自分のせいだと思い込む人）の多くはそれまでに他者から否定的な評価を受け、それを摂取した場合が少なくない。それゆえ、他者から摂取したイラショナルビリーフ（事実無根の思い込みか、一般化のしすぎの思い込み）を修正するエクササイズとシェアリングが有効である。したがって自己肯定感の育成エクササイズの多くは、論理療法を基調として展開することをすすめたい。

④意味づけ――シェアリングで人生事象への意味づけを学ぶ

人の一生でキャリアは変転する。元サービス業の経営者が車の運転手になることがある。元校長が塾講師になることもある。それゆえ子どものころから人生のさまざまな仕事への意味づけを考える教育が必要である。意味の見いだせない人生を送らないためである。

昭和初期、私が幼少のころには、雨水・汚水が流れる溝を掃除する（いわゆるドブさらい）人がいた。ある母親がその様子を見ながら子どもに言った。「あなた、勉強しないとあんなおじさんみたいになるよ」（いまでは差別発言になる）。その親子の後ろを歩いていた別の母親は子どもにこう言った。「あなた、ああいう仕事をしてくれる人がいるから私たちの町はきれいなのよ」と。

意味づけというのは意味づけリスト表から選ぶわけではない。子どもながらに自分の力で考えるものである。意味づけできないと人生の苦難に折れてしまうことがある。

ここで戦艦大和の話を例にあげたい。昭和二十年四月、戦艦大和は沖縄に向かって出撃した。出航すると間もなく、若い士官が甲板に集まり議論が始まった。「われわれは何のためにわざわざ戦死しに行くのか。死ぬのが嫌だと言っているわけではない。死の意味がわからないのだ」と。臼淵磐大尉（二十三歳）がこう言った。「沖縄で俺たちが死んで初めて戦が終わる。戦争がすんだら新しい日本が生まれる。俺たちは新しい日本をつくるために死ぬんだ」。この言葉に全員が「納得！」と答えて戦闘配置についたという。臼淵大尉は直撃弾が当たり、戦闘開始後間もなく戦死されたそうである。当時の生存者、吉田満による話である。

平和な時代でも、子どもたちは、家庭の不幸、会社の倒産や転職、上司や仲間との不和など、さまざまな苦難に遭うであろう。子どもへのキャリア教育は、進路検討のほかにこのような人生事象への意味づけにふれる必要がある。そのためには同じエクササイズでも人によってさまざまな受け止め方があることを、エクササイズをめぐるシェアリングで学ぶことは意義がある。事柄そのものが人を不幸にするのではなく、その事柄の受け止め方（意味づけ）が人の幸・不幸を決めるという論理療法理論が本項の基調である。

以上がSGEからみたキャリア教育であるが、教育カウンセリング界での「キャリアSGE」のパイオニアは片野智治（元跡見学園女子大学教授・心理学博士）である。

4　ＳＧＥ学校導入のメリット③「学業」

学業（academic development）とは教科教育のことであり、教科教育とは学力を高める指導のことである。現在（二〇一八年）の文部科学省の考える「学力」とは、①知識および技能、②思考力・判断力・表現力等、③学びに向かう力、人間性等（例：学習意欲、人間関係力、リーダーシップ）の総称である。この学力観の背景には「もの知り博士はものの役に立たない。何ができるかがこれからの時代には問われる」との前提がある。教育カウンセリングの立場から、この学力観とその前提には学ぶところが大である。

そこで、ＳＧＥの方法と技法がどのように子どもの学業に役立つかを考察したい。

⑴基礎的知識の習得にＳＧＥは貢献

基礎的知識とは、各教科の「基本的諸概念と主要な諸事実の体系」のことである（アメリカの大学院ではこれを全部暗記させていた）。基礎的技能とは、教科ごとに不可欠なスキルのことである（カウンセリング系大学院のスーパービジョンがこれに相当する）。

私は「暗記のないところに思考はない」と思っている。例えば、創造的思考は、①既存の知識と知識の間に新しい関係を発見する、②既存の知識に新しい意味づけをする、③既存の知識を排除する、といったことから生じる。

そこで考える。SGEはものを覚えるのにどう役に立つか。結論は、「これから始める授業のねらい・方法・留意点を明示すること」に役立つといいたい。

例えば、因数分解を学ぶねらいと方法（学び方の手順）、留意点・ルールを手際よく説明する。これが子どものレディネスづくりになる。それなくして、「今日は因数分解をやるぞ」「今日は万葉集だ」ではレディネスは育たない。ねらい・方法・留意点のインストラクションのあと、「この学習を教師の私は人生でどのように生かしたか」を語る。そういう効果があるならぜひ学びたいと子どもが思う（モチベーション）。

各教科の場合は、ねらいと効果がSGEほどに明示できるかどうか。教える側にそれがわからない場合が少なくない。昔、「哲学は何の役にも立たないよ。それでもよかったらどうぞ」と講義初日に言う哲学教授がいた。学校教育ではそれが言えないが、こじつけのねらいや効果では子どものモチベーションは高まらない。

どの教科でも教師の体験に基づく自己開示的インストラクションが必要である。教育カウンセラーは教科教育でも範を示してほしい。

(2) 自己概念（ビリーフ）の変容にＳＧＥは貢献

学習効果の条件としての自己概念についてもＳＧＥは貢献する。「自分は頭が悪い」「私は勉強嫌い」といったネガティブな自己概念を修正するのにＳＧＥが役立つ。自己概念とは、他者の評価を摂取してつくった自己評価と自己イメージの総称である。自分に対するビリーフである。

ＳＧＥで親や教師とは異なる評価やイメージを、仲間から多面にわたり何回も与えられると自己概念は変容する。価値観の異なる文化に住むと、異なる価値観ゆえ異なる評価を受けるので自己概念が変わるのと原理は同じである（例：日本では生意気と評された青年がアメリカではシャープと評される）。

(3) ものを覚えるための五つの条件にＳＧＥを応用

ものを覚えるための条件は、①レディネス、②モチベーション、③復習（学んだことを口に出してみる）、④使ってみる、⑤人に教える――この五つともにＳＧＥが応用できる。

①**レディネス**――前述したように、ＳＧＥでは導入のインストラクションで、これから行うエクササイズのねらい・方法・留意点を説明し、メンバーが納得してから始める。同じように教科教育でもこれを応用するのである。（例：因数分解のねらい、本時の方法と留意点を授業の初めに説明。いきなり「いまから因数分解だ」と導入するより覚えやすい）。

②**モチベーション**――ＳＧＥではリーダーがまずして見せる。メンバーは「これならできそうだ。やりたい」という気持ちになる。して見せにくい場合は教師が題材にまつわる体験・所感を述べる方法もある（例：いまも役に立っている。落第点をとって情けなかった）。

③**復習**――ＳＧＥの「今日のエクササイズで感じたこと、気づいたこと」の指示を応用して、「今日の授業で学んだことを一人一つずつ言う」など。

④**使ってみる**――ＳＧＥでは体験して、ある概念を身につけるのが原則である（例：お互いに自分の自己概念を語り合うと自己概念とはどういうものかがわかり、これは簡単には忘却しない）。教科教育でも覚えた概念や事実を用いて問題を解く体験（例：カウンセリング学習の場合はロールプレイや事例研究）ができる教科エクササイズを用意する。

⑤**人に教える**――ＳＧＥリーダー養成ワークショップでは、参加者全員が一人一つずつエクササイズを仲間相手に展開する。エクササイズのねらい・方法・留意点の説明のあと、デ

モンストレーション、エクササイズの展開、介入、シェアリングと一連の作業を教育実習生の心境で展開する。この体験を介してＳＧＥの基礎概念と方法が身につく。忘却はしない。同じように教科教育でも仲間同士で「教える体験」のプログラムを開発するのである。アクティブラーニングの一形態になる。

5　ＳＧＥとコンピテンシー育成

「ものを覚えているだけでは不十分である。生活の役に立ってこそ意味がある」——これが二〇一六年以降の学習指導要領の骨子である。

すなわちコンテンツベース（基礎的認識と技能）の教育とコンピテンシー（資質・能力）教育の統合がこれからの教育目標になる。

コンピテンシーを私の言葉で説明すると「思考力・判断力」という知的能力と、「コミュニケーション能力・リーダーシップ」といった行動的能力と、「人への思いやり（他者理解）・主体性（自己肯定感）」といった情意的資質、この三つになる。

ＳＧＥはこの三つのコンピテンシー育成にどのようなかかわりができるかみてみたい。

思考力・判断力は、論理療法の観点では「出来事そのもの」にどう対応するかという問題解決志向の思考・判断と、「その出来事をどう受け止めるか」という意味発見志向の思考・判断の二つに分けられる。SGEは後者の思考・判断の資質を培うのには有用である。この思考・判断を踏まえると、前者の思考・判断はエビデンスオンリーの判断にならないですむ。つまりヒューマニティのある思考・判断になる。

例えば、老親の介護をどうするか（問題解決志向の思考・判断。事実と論理ベース）のとき、「老親の介護は自分にとってどういう意味があるか」という思考・判断を経ていると罪障感や後悔の残らない介護ができる。SGEのシェアリングには、意味の発見を促進する働きがある。

行動志向の資質・能力は、SGEよりは各種のスキル教育のほうが有用である。SGEはコミュニケーションやリーダーシップへのモチベーションを高めることはできる。それゆえ、ソーシャルスキル、コミュニケーションスキルなどの教育・研修の導入部分にSGEを用いることをすすめたい。

情意志向の資質・能力（コンピテンシー）の育成についてはSGEがフルに貢献できる。

第７章

ＳＧＥリーダーの心得

私は 1974 年にフルブライト研究交換教授の任を終え，
帰国以来今日までの 40 数年間，
ＳＧＥリーダーを務めてきた。
この体験を踏まえ，自戒の意味もこめて，
ＳＧＥリーダーの留意点を八つ提示したい。

SGEリーダー八つの留意点

(1)居酒屋での歓談者風リーダーになれ

SGE(生き方の探究)は、人に向かって「こういう生き方をすべきである」と人の道を説くものではない。人はあるときふと気づいたら、自分は世間にただ放り投げられてそこにいただけである(これをdaseinという。現存在との定訳がある)。これからどう生きるべきかが決められているわけではない。どうすればよいかを指南できる人もいない。自分で自分の人生をつくっていくのだ――この考えがSGEの基調になっている。

したがってSGEリーダーもメンバーと同じ立場にある。それゆえリーダーのできることは、「私はこう感じている、こう考えている」と自分を語ることである。レクチャー(講釈)やプリーチ(説教)でなく、トーク(自己を語る)することである。教育用語でいえば、SGEリーダーは教科教育担当教諭ではなく、生活教育(ガイダンス)担当教諭である。

教えたがる人とはどんな人か。語る自己を持たない人である。知識は持っているが語るべき生活体験が乏しい人である。自分の感情や思考や行動を吟味しないまま、ありきたりのルーティーンの繰り返しを意に介さない人生を送っているとトークするにも題材がない。仕方なく人の理論の解説をあたかも自分の考えのように語る。

つまり、学者風のリーダーにはなるな。居酒屋での歓談者風のリーダーになれ。そう言いたい。

(2) ＳＧＥの展開をマニュアル化しない

ある人が、「精神分析の技法という本を書かないのですか」とフロイドに聞いた。フロイドはこう答えた。「書かない。書くとみんながそのとおりに行うようになり、心に響く精神分析にならないからだ。技法の本を読まなくても、精神分析を受けたら精神分析の技法がわかる。わかったらそれを自分が生きるように使うのだ」

これと対照的なのがロジャーズである。

ロジャーズは個室内での面接技法をオープンにした。受容、繰り返し、明確化、支持、質問がそれである。日本ではこれがマニュアル化されたので、「先生はなぜカウンセラーになったのですか」と聞かれると「私がなぜカウンセラーになったかを知りたいわけですね」といった応答になる。

ＳＧＥリーダーはフロイドとロジャーズの中間をとっている。ＳＧＥ展開の手順は定型があるが、瞬間瞬間の応答はリーダーの自由裁量にしている。流れるように、よどみなく、パーフェクトに語れなくてもよい。心に響くトークを炉端の談話風に行うのがマニュアル化しないという意味である。

そのためには、授業とＳＧＥの識別をすることである。授業は知識体系・技法体系およびそれに関する態度を教えるので、わかりやすく流暢に語れる場である。これと対照的にＳＧＥは、教えるべき知識・技法・態度があるわけではない。知識・技法・態度に相当するのはインフォメーションの部分だけである（例：ルールの説明）。大部分は、自己開示を主軸とするパーソナルリレーションの促進のためのトーク。これがリーダーの役目である。

(3) ＳＧＥは成長・発達志向のカウンセリングの一形態

休憩時間や食事のときに身の上相談風の会話になることがある。その要点に公共性があると判断したときは、「それはぜひ、全体シェアリングに提示して仲間の体験を聞くとよい」とグループのトピックにする。特殊性が高い場合は、「それは個別カウンセリングで相談にのってもらうとよい」と応じ、深入りしない。

カウンセリングのクライエントは、一時的に現実能力（自我）の機能が低下しているので補助自我のヘルプが必要である。したがって、カウンセリングでは対応を意図的に、手心を加えながらすすめるのが特色である（例：事実理解→感情理解→価値観理解とすすめてから対応策・アクションを考えるといった手順）。

ＳＧＥはこれと対照的である。ＳＧＥのメンバーは心身ともに健全な人（現実原則に従いつつ快楽原則を満たしうるエゴ機能がある人の意）である。それゆえ、意図的に手心を加えるのではなく、その瞬間に言いたいことがあれば言う。相手はそれに応じる能力はある。そういう前提にＳＧＥは立っている。

ＳＧＥでカウンセリング風の対応を許容すれば、「僕は君のカウンセラー役をするために参加費を払ってここに来たのではない」と言う人が続出するはずである。また、カウンセリング風に対応された人の中には、「君のカウンセリングを受けに来たわけではない。君とエンカウンターしに来たのだ」と気骨を示す人も少なくないと思われる。

カウンセリングには三種類ある。①成長・発達志向（developmental）、②予防志向（preventive）、③問題解決志向（remedial）である。

エンカウンターは成長・発達志向のカウンセリングの一形態である。それゆえ、エンカウンターはカウンセリングという上位概念に属する下位概念である。私が「エンカウンターとカウンセリングの識別」という場合のカウンセリングとは、③問題解決志向カウンセリングのことである。

参考までに、成長・発達志向のカウンセリングにはSGEのほかに、サイコエジュケーション、キャリア教育、対話のある授業、学級マネジメントがある。

⑷指示は一回限り。迷いなく断定的に行うこと

伝統的カウンセリング（フロイド、ロジャーズの流れをくむカウンセリング）の出身者は、指示技法になじまない。クライエントの自己決定を尊重するからである。「君は○○したいわけですね」と明確化や解釈はするが、指示・助言は控える。こういう背景のもとで「構成」（例：グルーピング、時間設定、ルール厳守）のために、「ああせよ、こうせよ」と指示するのはクライエントの権利を侵すのではないかととまどいがちである。

しかし、グループがまとまり（共通の行動様式が定まるの意）、メンバー同士が防衛機制を緩和できるリレーションが育ちやすい場面づくりのために、SGEでは指示をとまどわない。とまどうとグループの教育機能が作動しない。放置していても自然にグループネス（ま

とまりのあるグループ）は生まれるという説もあるが、学校教育にはなじまない。自我の未熟な子どもが自力でグループネスをつくるには無理がある。

そこでSGEリーダーは、指示することに罪障感があってはならない。指示に迷いがあったり、あいまいさがあるとグループは目標達成をめざして動かない。停滞する。「先生、どうすればよいのですか」の連発となる。

指示は「三人一組になります」「一人二分ずつです。二分ごとに先生が合図します」「話したことのない人と二人一組になります。全員で○人（奇数）なので一人は私と組みます」というぐあいに、簡にして要を得た指示を一回で収める。指示をくどくど繰り返さない。作業が始まってから一時中断して指示の追加や修正はしない。指示は一回限りと自分に言い聞かせ、ゆっくりと明瞭な声で発信する。必ず「何か質問は？」と確認してから「開始」となる。

(5) 和して同ぜず。リーダーの役割を離れない

参加者は役割（例：校長、教諭）を捨ててペンネームを用いるのがSGEの原則になっている。それは自他を「一人の人間 a person」として自覚する方便である。しかしリーダーは実名で参加する。リーダーという役割（責任と権限の束）を捨てると責任者不在（超自我

不在）になるからである。責任者不在とはリーダーレスグループということである。「構成の枠」が守られてこそ構成的グループエンカウンターである。

リーダーも一人の人間として振る舞いたいであろうが、抑制しなければならない。休憩時間に同郷人や昔の同僚と雑談すると、他メンバーのシブリングライバルリィ（sibling rivalry 仲間同士の対抗意識）を刺激するかもしれないので、個人的接触は回避したほうがよい。

あるいは、昼食の際、食堂に最初に行って席をとるとその周りにメンバーが集まって、はずれの席のメンバーは取り残された嫌な感じを持つこともありうる。そこで、食堂にはメンバーが席についてから空席を探すほうが無難ということもある。

ＳＧＥだからリーダーも自由に振る舞ってよいと思わないことである。自由にしてよいときと悪いときがある。よいときとは、みんなの前で特定のメンバーとかかわる必要があるときか、みんなに自己を語りたいときである。よくないときとはメンバーのシブリングライバルリィを刺激するおそれがあるときである。要するに「和して同ぜず」。これが不得手な人は幼児的な人に多い。幼児的とは他者の見る目で自分を見ることができない人ということである。よくいえばお人好し、悪くいえば鈍感な人と言えようか。私などは八十歳を過ぎてから若いころの自分を思い出し、世間の人によく許されたものだなぁと思う。

(6) エクササイズの理論的説明ができること

ＳＧＥの本や手引き小冊子に紹介されているエクササイズを順に展開し、その都度「いまのエクササイズを通して感じたこと・気づいたことを話し合ってください」と指示するパターンが定着すると、たいていの教師が「それなら私もできる」と自分のクラスで実行する。たしかに学級内の和が育ち、不登校・いじめも減少する。

子ども対象のＳＧＥならこれで問題はないが、教員対象に本格的にＳＧＥを体験学習してもらうためには、エクササイズを次々に流すだけのＳＧＥリーダーになってはならない。

各エクササイズのねらいは何か。エクササイズの何がそのねらいの達成機能を果たすのかが説明できないと参加者に納得してエクササイズに取り組んでもらえない。「やれと言われたからやっただけだが、ためになった」では、研修としては不十分である。

例えば、「自由に歩く」エクササイズ。この場合の自由とは、「心の中がイラショナルビリーフに左右されていない状態」との定義（論理療法）を持っていると、「自由に歩けませんでした」と開示するメンバーに、「心の中にどういう思いがありましたか」「○○さんと似た思いを持った人、違う思いを持った人、どうぞひとこと」と話を広げ、自分の内界とのエンカウンターを深めることができる。紋切り型のセリフから脱却した、掘り下げの効いた展開ができる。

例をもう一つ。簡便内観のあと、「父は当時○○の状況だったと思い出し、父への懐かしさがわいてきた」と開示する人に、「ゲシュタルト理論の地が図になった体験だ」と心の中で読み取れれば、「いままで気づかなかったことに改めて気づいたことのある人は手をあげて」と指示したあと、「よければどんなことに気づいたかひとこと教えてくれませんか」と話を広げ、他のメンバーの自己内界への掘り下げを刺激できる。

ＳＧＥワークショップでカウンセリング理論を講義する場面はないし、その必要もない。ＳＧＥは体験学習志向だからである。しかし、メンバーに問われたら答えられる知識は有している。専門性を身につけた教育カウンセラーにはそうあってほしい。

では、知っておくべき主要理論とは何か。私はこう答えたい。ＳＧＥは第三勢力（実存主義志向の理論グループ）に属しているので、ゲシュタルト療法、論理療法、交流分析、実存分析（例：フランクル）、ロジャーズ理論、ムスターカス理論、フロム社会哲学をまずあげたい。次に第一勢力（精神分析志向の理論グループ）のフロイド精神分析、ユング分析心理学、アドラー個人心理学、ランク出産外傷説をあげたい。第二勢力（行動理論・行動主義志向の理論グループ）をＳＧＥに援用する傾向は現時点（二〇一八年）ではまだみられない。

(7) 慈愛のモデルになれ

教育者にとって大事な心情は慈愛である。慈愛とは人に寄り添う態度のことである。カウンセリング用語で attending という。定訳はかかわり行動、拙訳では「寄り添い」である。

東日本大震災で、ある小学校の児童七十四人が津波に流され亡くなった。「地震発生から津波が来るまでの五十分間、学校は何をしていたのか」――遺族の第一問であった。回答は裁判に発展した。メディアからの私の印象では、学校側から慈愛ある反応はなかったように思われる。

この話の逆を私は陸幼で体験した。

私の同期生がＢ29の空爆で戦死した。その生徒の父親が遺骨を受け取りに来られたとき、柴田生徒監は「お宅の坊ちゃまを死なせてしまい、誠に申し訳ありませんでした」と詫びた。その後、私たち生徒にこう語った。「俺は部隊に戻れば大隊長だ。馬上から指揮をとる人間だ。そういう人間が子どもを失った父親にもっとかける言葉があったろうに、言葉が出てこなかった。人間としてまだまだ未熟な大隊長だ。君たちは俺以上の人間になれ」

アメリカでも日本でも、「男は毅然たれ」というビリーフがある。これは男性の tenderness taboo（やさしさ禁止令）に由来する。しかし、指導者にやさしさがなければ人はついてこない。

やさしさの表現できる人とできない人との違いはどこにあるか。自己肯定感の強弱による。自己肯定感の強弱のチェックポイントは、私の考えでは三つある。

①劣等感情――例えば、「自分は人ほどに愛に恵まれない家庭で育った」と他者に対して引け目のある人は、自分と似た境遇の人には共感できるが、自分より幸福な人には「引き下げの心理」が起こりがちである。

②罪障感――自分の言動はいま一つだ（能力不足・手抜きなど）と薄々気づいている人は後ろめたさをかくすために人のせいや環境・状況のせいにする。責任転嫁（投影）である。

③人の目、組織、文化――これら外圧に迎合する人よりも自分のホンネに忠実に生きようとする人（例：杉原千畝）のほうが自己肯定感は高い。

結論として、やさしさ（情け）は自己肯定感（俗にいう心の強い人）に由来するといいたい。人の顔色を気にして防衛的になりすぎると自分のことが先になり他者どころではない。やさしくするゆとりはない。「槍でも鉄砲でも持ってこい。いまの私はこれがすべてだ」と腹を決めて生きている（ビクビクしていない）から、他者にやさしくするゆとりが出てくるのである。

以上の原理は大人の世界の意地悪やパワハラにも通用する。ＳＧＥリーダー、教育カウンセラー、ガイダンスカウンセラー、スクールカウンセリングコーディネーターは慈愛のモデルになってほしい。

(8) 現実原則を打ち出す瞬間をつかめ

本書の読者やＳＧＥ参加メンバーは自我が成熟した大人である。自我が成熟しているとは、トレランス（耐性）、現実判断能力、柔軟性があるとの意である。

心理療法のクライエントの場合は、人生の仕切り直しの意味があるので、面接室は母の胎内という象徴的意味がある。母の胎内は快楽原則（例：受容・共感）が許されている。

対照的にＳＧＥやカウンセリングは人生の仕切り直しではなく、人生のプロセスそのものである。つまり土俵上で稽古の最中である。心理療法のクライエントは一時的に土俵から降りている状態である。それゆえ受容・共感の世界に当分浸っていることが容認される。

いっぽう、ＳＧＥリーダーや教育カウンセラー、ガイダンスカウンセラーの教育では、受容・共感に留まってはならない瞬間がある。現実原則を打ち出す瞬間のことである。

ムスターカスのワンネスからウィネス（相手の補助自我になる、味方になる）、アイネス

（対決・対峙する）に焦点をシフトしたほうが、あとで後悔しない生き方になると判断する瞬間。この判断には何のエビデンスもない。リーダーの有する理論と人生哲学とパーソナリティをもとにした総合判断である。

ここで、幕末のエピソードと私の体験から例を示す。

倒幕派と幕府派との間の一連の戦いである戊辰の役で、いよいよ会津の城が陥落するとき、ある武家屋敷に肺病の青年が伏せていた。母親は「あなたは侍です。お城で死になさい」と言い、刀を息子の腰に差したがその重みで息子が倒れた。母親は息子を引き起こし、「さあ」と言ってその背中を押した。息子はヨロヨロしながら城に辿り着いた。母はそれを見届けてから自死した（『ある明治人の記録――会津人柴五郎の遺書』石光真人編著、中公新書）。この母親のような気概を要する瞬間が教育の場にはある。

私が二十代のとき、霜田師匠にこう質問したことがある。「先生はご自分が困られたときはだれに相談されるのですか」。師匠は一喝された。「國分君、人の相談を受ける人間が自分のことを自分で処理できなくてどうするんだ！」

受容・共感を吹き飛ばす見識が示せる人間。これはプロフェッショナル教育者の自己陶冶の目標の一つである。

第８章

教育カウンセリング理論と SGE

「教育カウンセリング」とは，
教育分野に特化したカウンセリング心理学のことである。
ＳＧＥは学校教育を重要な実践の場として
進化・拡大してきた。
教育カウンセリング理論の八つの諸概念と，
この理論にＳＧＥがどのように貢献しているか，
そして教育カウンセリングを支えるＳＧＥの
今後の展開をみていこう。

新井邦二郎（東京成徳大学学長・筑波大学名誉教授）によれば、教育カウンセリング理論を支える理論は十二ある（『指導と評価』六十三巻二月号）。その中の一つが構成的グループエンカウンター（SGE）である。

参考までに、十二を列挙する。①精神分析理論、②自己理論、③行動理論、④論理療法、⑤交流分析、⑥内観法、⑦ブリーフ（短期）カウンセリング、⑧遊戯療法、⑨家族療法、⑩実存主義的アプローチ、⑪アドラー理論（アドラー心理学）、⑫構成的グループアプローチ。

本章は新井邦二郎に示唆を得て、教育カウンセリング理論にSGEがどのように貢献しているかを概説する。

1　教育カウンセリング理論

(1) 教育カウンセリング理論とは

カウンセリング心理学は多様な特化したカウンセリング（例：結婚カウンセリング、産業カウンセリング、健康カウンセリングなど）の共通概念・共通の枠組みを研究・提唱するものである。教育分野に特化したカウンセリング心理学は「教育カウンセリング」あるいは

「ガイダンスカウンセリング」と呼称され、その理論を「教育カウンセリング理論」という。その理論とは次の八領域にわたる諸概念の束のことである。

①教育カウンセリングの目的
②人間形成の原理
③教育機能不全の原因
④求める人間像
⑤教育カウンセラーの役割
⑥児童生徒の役割
⑦実施上の重要事項
⑧実施上の留意点

以上の八問へのとりあえずの解答の総体を教育カウンセリング理論という。

カウンセリング理論も三学派に分類されるほどに林立したように（精神分析系の第一勢力、行動理論系の第二勢力、実存主義系の第三勢力）、教育カウンセリング理論も、将来複数の学派に発展するかもしれない。内部分裂しないためには、いまと同じように「折衷主義的eclectic」な考えを保持することである。

(2) 教育カウンセリング理論の諸概念

八つの諸概念について概説する。

①**教育カウンセリングの目的**――「育てる」が主で「治す」は従である。いまのところ「育てる」とは、発達課題を通過することである。「特定の発達ステージに定着・固着(fixation)しない」の意である。育てるカウンセリング(developmental counseling)という概念が教育カウンセリングの核概念である。

②**人間形成の原理**――教育カウンセリングは「自然に任せておけば子どもは育つ(自然主義)」「なしうるかぎり完全であれ(観念論哲学)」という考えよりも、「経験を通して人は育つ(プラグマティズムや実存主義)」という考え方に立っている。それゆえ、「人が育つのに有用な経験(カリキュラム)は何か」が教育カウンセリング理論のテーマになる。

③**教育機能不全の原因**――学級崩壊、困難校、不登校、いじめなど、反社会的・非社会的行動が生じるわけの解明。教育カウンセリングの知識体系と技法体系の観点からどう説明するか。これも教育カウンセリング理論のテーマである。

④**求める人間像**――ひところ(昭和二十年代~四十年代)の教育界では、適応する人間(adjusted personality)を教育目標にしたが、この概念はいまはすたれてしまった。教育

カウンセリングは、すぐにすたれてしまう概念を目標にしないことである。変動する時代ゆえ、自立（independent child　例：心理的離乳、ピアプレッシャーからの解放、文化迎合からの自由）と自律（self regulated child　例：思考力、判断力、表現力、自己肯定感）の二つの資質を有する人間。これが「育てるカウンセリング」の結実である。

⑤**教育カウンセラーの役割**――全部で四つある。一つが個別面接（アセスメントやサポートのため）。第二がグループアプローチ（グループ対象にプログラムを展開する）。第三が教育環境の育成（学級経営、校内外連携のシステムづくり、学校の風土づくり）。第四が問題状況への対応（例：いじめ・不登校、マイノリティの権利擁護）。「個室内での身の上相談」という役割は、教育カウンセラーの仕事の一部になっている。

⑥**児童生徒の役割**――子どもには心身の安全を守る権利がある。その権利が侵されているときは、教職員・保護者が補助自我になって自己主張することである。

⑦**実施上の重要事項**――教育カウンセリングは前述した四つの役割を介して、どこでどのように実施されるときでも、リレーションが不可欠である。カウンセリングと名のつくものはすべて人間関係が主軸である。教育カウンセラーはサイエンティストではない。すなわちエビデンスベースだけで対応できる仕事ではない。自分個人の考えや感情や動作を通し

て、心のふれあう人間関係をつくること。これが最重要事項である。

⑧実施上の留意点——教育カウンセリングの守備範囲と使える方法・技法を自覚し、知識と方法・技法の未学習部分を絶えず補足することである。私は「自分は何を知らないかを知らない」プロフェッショナル集団と二十数年対峙してきてつくづく思う。プロフェッショナルアイデンティティ（自分は何をなすべきか。守備範囲と方法・技法の自覚）がないと校内外の連携は作動しにくいと。

本項に若干補足しておきたいことがある。それはカウンセリングとカウンセリング心理学の関係のことである。

カウンセリングとは、「言語的および非言語的コミュニケーションを通して行動の変容を試みる人間関係」である（國分康孝）。カウンセリング心理学とは、カウンセリングという活動を研究する心理学である。心理学とは個体・集団・文化の行動に関する、①「事実の発見」、②「発見された諸事実からの概念の構成・理論の構築」、以上二つを踏まえて、③「行動変容の方法の開発」を行う知識体系のことである。

２　教育カウンセリング理論におけるＳＧＥの意義

教育カウンセリング理論を支える十二の理論の一つがＳＧＥであるが、その存在意義は十二分の一以上であると考えられる。それは次のような貢献をしているからである。

(1) 社会的観点の提唱

伝統的な心理カウンセリングは「個人的事情で生じた個人的問題を個室での個別面接で解決する」支援であった。いっぽうＳＧＥは「現代社会から生じた社会的問題（孤独・自己疎外）を広間でのグループ活動で対応する」セルフヘルプ方式のワークショップである。

すなわちＳＧＥは、教育カウンセリングが現代社会にかかわっていくという文明開化的フレームのモデルになったと考えられる。それはあたかも教育カウンセリングがキャリアカウンセリングを擁することによって、教育カウンセリングと心理カウンセリングとの識別がはっきりするのと同じ意義がある。

(2) エビデンスベースを超える思想

二〇一八年現在、心理学界もカウンセリング界もエビデンスベースを強調している。日本の教育学は長年にわたり哲学・思想に偏向していたので、エビデンスベースから最も離れていた。それゆえ、教育学のなかでもいち早くエビデンスベースを取り入れたのが「ガイダンス・アンド・カウンセリング」分野であった。

日本教育カウンセラー協会がその分野のリサーチ（エビデンスづくり）を意図して日本教育カウンセリング学会（理事長　河村茂雄　二〇一八年現在）を設立したのは、思想（主観）偏向から科学的根拠（客観的）重視の教育カウンセリングをめざしているからである。

しかし、「エビデンスベースオンリーの教育カウンセリングになるな」と歯止めをかける機能がSGEにある。SGEは主観の世界である。「バラは美しい」と平気で言える世界である。エビデンスオンリーの世界では「バラは美しい」と発言しづらい。「バラは美しい」というのは客観（事実）を語っていないからである。しかし人間関係の世界（教育、福祉、医療など）では、主観（心情）が入らないと心情が豊かな人間は育たない。

例えばアメリカでは永年「黒人は白人に劣る」と考え、差別していた。ところが一九六〇年代になると「黒人と白人の知能指数に差はない」というエビデンスが報告され始めた。このエビデンスが公民権運動を加速させた。教育カウンセリングの立場（特にＳＧＥのフレーム）からいえば、エビデンスの有無にかかわらず「黒人と白人は平等である。as a person（人間として）」と旗をあげるのが教育者である。

日本の例では、さきにあげた児童七十四人が津波で亡くなった件があげられる。遺族は地震発生から津波がくるまでの間、学校は何をしていたのかを問うた。学校の対応の問題については エビデンスがないので教育委員会は態度がはっきりしなかった。遺族は裁判所に訴えた。この場合もＳＧＥのパーソン対パーソンの思想からいえば、エビデンスの有無にかかわらず「ほんとうにかわいそうでした」くらいの心情を表明するのが教育者である。

これとは対照的なのが、私の陸幼での体験である。同期生が空爆で戦死したとき、柴田生徒監は遺族に「お宅の坊ちゃまを死なせてしまって誠に申し訳ありませんでした」と詫びた。エビデンスの有無を問わず、自らの心情を開示する人間であれ。ＳＧＥの提唱者としてはそういう思想を教育カウンセリング理論の思想の一つにしたいと思う。

(3) 役割を介しての個の表現

学校は組織であり組織とは役割の束である。役割とは「権限と責任の束」である。自分に与えられた役割を遂行しているかぎり組織に居場所はある。しかし役割だけの世界には情愛がない。ゲマインシャフト（共同社会・情愛志向社会）が失われつつある現代社会に対して、学校は新しい型のゲマインシャフトを子どもに体験させる必要がある。ゲマインシャフトは子どもに「保護されている・人生指南が受けられる」との安定感・自己肯定感を与えてくれる。そのためにはゲゼルシャフト（利益社会・役割志向社会）の中にＳＧＥの「人としての心情の開示」を導入することである。組織のヒューマニゼーションにＳＧＥは有用である。

(4) 教育プログラムのモデル

ＳＧＥはグループアプローチの代表例の一つである。グループアプローチの主たる方法はプログラム（ガイダンスカリキュラム）の展開である。

プログラムの内容は三種類。①認知的プログラム（例：人種的偏見の修正、人権教育、性教育、非行予防教育）、②感情育成プログラム（例：リレーションづくり、防衛規制緩和、自己肯定感・共感性・感受性の育成、ストレスマネジメント）、③行動的プログラム（例：合宿研修、ソーシャルスキル教育、コミュニケーションスキル教育）。これらのプログラム作成のときＳＧＥのエクササイズが参考になる。特に①と②はＳＧＥの得意分野である。

(5)能動性——権威主義・強制志向の抑制

義務教育分野では現実原則（例：時間、ルール）の学習が主になるので、受容・共感などかかわり技法のほかに、説明・指示・助言・情報提供・リフレーミング（意味づけ）・自己開示など積極技法を用いることが多い。この場合、積極技法が権威主義・強制志向に陥らないためにはＳＧＥの思想と技法が役に立つ。

(6)多様性の共存・共生

日本はアメリカほどではないが、戦前に比べると学校の生徒たちに多様性が高い。文化的背景や心身状況がさまざまの子どもが多くなってきた。それゆえ、多様性のなかで安全・安定が保持されている学校・学級づくりが必要になる。

多様性のまま共存・共生するには、お互いが共有できる文化を持つことである。ＳＧＥの観点からいえば「人としてはみな同じと感じ合える文化」を提唱したい。問題行動の予防や生への意欲は、自分の居場所が確保されていると感じられる学級・学校の風土（文化）である。この風土づくりにＳＧＥは有効である。何か事があるとすぐ数人の教職員が集まって「どうしよう」と相談し合う風土がその一例である。

3　教育カウンセリング理論を支えるSGEの今後の展開

(1) SGEはカウンセリング諸理論・諸技法のグループアプローチ版

教育カウンセリング理論の特徴は、その方法と技法が多岐にわたることである。多岐にわたるとは、次の三領域のそれぞれの各論にも対応するという意味である。すなわち、①発達課題への対応、②教育環境づくり（学級・学校の風土、運営システムづくり、チーム支援）、③問題状況（いじめ、不登校、マイノリティなど）への対応である。

ところが伝統的カウンセリングでは方法が一つ（解釈）、あるいは五つ（受容、繰り返し、明確化、支持、質問）であった。これでは教育現場の諸問題に対応するには不十分である。

伝統的カウンセリングを発展させた現代のカウンセリングとして折衷主義のマイクロカウンセリングが登場し、積極技法を加えたので技法数は十二を超えた。さらに技法数の多い論理療法、行動理論、ゲシュタルト療法も加えると技法数は五十を超える。

ところがこれらの技法は個別面接志向であるから、学校現場には普及定着しなかったが、心理療法志向・個別面接志向の心理カウンセリング界には歓迎された。そこで、これらのカウンセリング諸理論と諸技法をグループアプローチ版として提唱したのがＳＧＥである。これは全国の教育委員会が教員研修に取り入れている。

(2) ＳＧＥ今後の実践研究・方法開発のトピック

このＳＧＥが教育カウンセリングの特徴である方法・技法の多様性をさらに発展させるためには、今後どのようなトピックスを実践研究するか。あるいは、方法を開発するかを項目だけ列挙しておきたい。すでにいずれも先駆者がいるので、それを次世代が継承するという提言である。

①特別支援ＳＧＥ（例：曽山和彦、川端久詩）
②定時制高校卒業率アップＳＧＥ（例：加勇田修士、苅間澤勇人）
③困難学級ＳＧＥ（例：明里康弘）
④いじめ・ストレス予防ＳＧＥ（例：片野智治）
⑤非行予防ＳＧＥ（例：押切久遠）
⑥学級づくりＳＧＥ（例：吉田隆江、品田笑子、別所靖子、髙橋浩二）
⑦授業に生かすＳＧＥ（例：水上和夫）

⑧合宿教育に生かすＳＧＥ（例：土屋裕睦、鹿嶋真弓）
⑨学校マネジメント・学校風土づくりに生かすＳＧＥ（例：藤川章、石黒康夫）
⑩グループ・組織アセスメント（例：河村茂雄）
⑪ＳＧＥリーダー育成のシステムづくり（例：片野智治、吉田隆江）
⑫サイコエジュケーション（例：清水井一、武蔵由佳）
⑬道徳教育に生かすＳＧＥ（例：諸富祥彦）
⑭ＳＧＥ実践研究の発表と共有（例：片野智治）
⑮ＳＧＥ研究法（例：片野智治、大友秀人、岡田弘）
⑯ＳＧＥセッション中の介入法（例：國分久子）
⑰教育カウンセリング理論とＳＧＥ理論の構築とその関係の考察（例：國分康孝）
⑱ＳＧＥを生かした教師サポートの会（例：片野智治）
⑲ＳＧＥを生かした教師のピアグループ・スーパービジョン（例：片野智治、吉田隆江）
⑳ＳＧＥワークショップマネジメント（例：松澤秀則、益満孝一、瀬尾尚隆）
㉑「教育に生かすＳＧＥ」の書籍化企画（例：村主典英、東則孝）

(3) ＳＧＥの弱点とは

ＳＧＥの発展のためにはＳＧＥの弱点を知っておくことも大切である。

①弱点１：現象学に立っている

ＳＧＥは現象学（受け取り方の世界が判断基準になるとの哲学）に立っている。実存主義がその典型である。人生問題への対応は客観の世界への認識、すなわち観察可能（observable）、測定可能（measurable）の世界（エビデンス重視の世界）にも理解が必要である。

ＳＧＥは体験的認識が核になっているので、客観的認識をともすれば軽視し、唯我独尊に陥るリスクがある。したがって実存主義哲学のほかにプラグマティズムの考え方にもなじむ必要がある（例：柳沼良太）。プラグマティズムはエビデンス志向であるから、場合によりけり（ケースバイケース）という柔軟性がある。これを見習ってＳＧＥでは「職場に戻ってＳＧＥそのままの言動は慎むほうがよい」とアドバイスしている。

②弱点２：スキルをカバーできない

ＳＧＥは認知（考え方、受け取り方）の変容と感情の変容が主たる守備範囲である。その結果として行動の変容も生じる（例：グループに参加できるようになる。愛情表現ができるようになる）。しかし、行動のなかでもスキルについてはＳＧＥはカバーできない。ＳＧＥ

で「人とふれ合う人間関係」が持てるようになったからといって、インターネットのスキル、読み書き、そろばんのスキル、問題解決のスキル、スタディスキル、ソーシャルスキル、英会話のスキル、スポーツのスキル、介護のスキルなどが向上するわけではない。これらは教育カウンセリングの他の理論（例：行動理論）になじむ必要がある。ＳＧＥは万能薬ではない。しかし、スキル教育の前提（リレーション）づくりには貢献できる。

③SGEの任務はヒューマニティの鐘を打ち続けること

弱点を知ることによって、ＳＧＥオールマイティというナーシシズムに陥らずにすむというのが以上の要約である。しかし私は、この弱点を知ることがＳＧＥの特色をクローズアップする利点になると思っている。それは精神分析理論を用いてこう説明したい。

エビデンス志向もスキル志向も、精神分析の概念で整理するとエゴ機能（変動する現実への対応）に属する。いっぽう、ＳＧＥは現実に振り回されない自分の一貫した「あり方・生き方」志向であるから超自我機能（自我をたしなめる精神性）に属する。すなわち、ちゃっかり人間、抜けめのない人間、朝令暮改人間、人情に薄い合理的論者にならないよう、「ヒューマニティ（超自我）の鐘を乱打し続けることがＳＧＥの任務である」との自覚を持つ。これが弱点を知ることのもう一つの意義である。

第９章

ＳＧＥ後継者に捧ぐ
――ＳＧＥ理論総説

ＳＧＥの提唱者として，これまでの実施体験を踏まえ，
後続するＳＧＥ実践・研究者に
申し送りのメッセージを述べてきた。
いよいよ最終章である。
以上の論述の背景になっている
「ＳＧＥ理論」を概説して
本書を閉じようと思う。

ＳＧＥ理論構成の諸概念八つの項目

理論（theory）とは、諸概念の束（constellation of concepts）である。ＳＧＥをめぐる諸概念（例：自己開示、シェアリング、エクササイズ、介入、自己肯定、ワンネス、ウィネス、アイネスなど）をグルーピングすると、次の八つの項目になる。(1)人間観、(2)性格論、(3)人生問題の原因論（etiology）、(4)目標論（健常論）、(5)リーダーの役割、(6)参加メンバーに期待される役割、(7)実施上の重要事項、(8)実施上の留意点。これはカウンセリング理論のフレームと同じである。以上の八項目を順に概説する。

(1)人間観――自分の人生の主人公は自分であれ

精神分析は人間は本来生物であると考える。行動理論は人間は本来学習能力のある白紙であるとの前提に立っている。ＳＧＥはどうか。人間は本来目的も告げられずに存在し、やがて死ぬものであると考えている。自分でこれからどうするかを自分で決めねばならない存在である。すがるべき永遠不滅の絶対者（absolute being）のいない孤独（loneliness）の存在である。そして隣人もまた孤独である。絶対者はいないが隣人はいる。隣人との関係のなかで生きている（世界内存在 In-der-Welt-sein Being-in-the-world）のが人間であると考える。

この人間観は実存哲学に立っている。実存哲学とは伝統的哲学（観念論哲学 idealism 永遠不滅のものこそ真の存在であるとする哲学）に対峙し、明日死ぬかもしれない個々の人間こそ真の存在であると考える哲学である。ニーチェのように「誤ちを犯さない神の奴隷になるよりも、誤ちを犯してもよいから自分の人生の主人公は自分であれ」との主張になる。

この思想をＳＧＥでは心理学用語に翻訳して生活化している。「受け取り方は自分が主体者になって自分でつくる」「地を図に転換するのは自分である」「変えられない出来事（例：寿命、要介護者を抱え込む）はあるが認知の仕方（例：解釈、リフレーミング）は自分で決められる」など。

思想だけを語るＳＧＥにならないためには、思想の操作的定義を考える必要がある。

⑵性格論――ＳＧＥ風土が性格変容の場に

伝統的なカウンセリング理論の性格論は因果論に立っている。すなわち精神分析理論では「幼少期の家庭生活の体験がいまの性格（例：八方美人、人見知り）の原因ではないか」と発想する。「火のないところに煙は立たず」が因果論である。ロジャーズの自己理論も因果論である。他者からの評価を取り入れてできてしまった自己概念（self-concept）と現実我（あるがままの自分 actual self）とのギャップが悩みの原因であるとする。

対照的に、人間は過去に縛られるものではない、他者評価に左右されるものではない、人に条件づけされたり洗脳されるものではない、そんな考えがＳＧＥにはある。暗い性格というが暗い幼少期をいままで引きずってきたのは自分である。若年寄だというが失愛恐怖を手放さないのは自分である。自分はケチだと卑下するのはケチは悪徳だというビリーフを自分が持っているからだ――こんなぐあいに、性格（行動のパターン）は自分の考え・感情・行動のどれかを自分で修正すれば、生活の邪魔にならない程度に変えうるとの考えがある。

ＳＧＥに何回も参加しているうちに、幼児性が減少する人、引っ込み思案から自己主張できる人へ、理屈屋（知性化偏向・合理化傾向）から気さくな人柄へと変貌する人をみてきた結果、「因果の切断による性格変容は可能」と考えるようになった。理論的根拠は精神分析でいう防衛機制（defence mechanism）である。精神分析では「性格とは防衛機制のパターン。ゆえに性格を修正するとは防衛機制を緩和すること」（W．ライヒの説）と考える。防衛機制を緩和できるように意図的に構成されたＳＧＥの風土は性格変容の場となる。

(3) 人生問題の原因論——特定の観点に固着するなかれ

ＳＧＥに参加する人々は、現実原則（ままならぬ浮き世）に則して生活をしている健常な市民である。非社会的・反社会的行動（いわゆる問題行動）で自他を悩ませている人ではない。

本項でいう人生問題とは「心の中のとらわれ」のことである。例えば、愛すべき人を愛しえない、苦手な人と仕事が一緒、許せないが許さないと苦悩が続く、後悔が消えない、罪障感の処理ができない、ひぼし、不和、悲哀、自己嫌悪など。

ＳＧＥは「生き方の探究学習会」と前述したが、生き方とは具体的には前段に列挙したような、内的なとらわれにどう対応するかということである。そこで考える。このような内的とらわれの原因は何か。精神分析なら「抑圧」、自己理論なら「不一致」、論理療法なら「イラショナルビリーフ」、行動理論なら「過剰学習・学習不足」と答えるであろう。ＳＧＥは「観点の固着」と答える。ＳＧＥはゲシュタルト療法に起因しているので、ゲシュタルト理論のフレームで観点の固着と答えたのである。

ゲシュタルト理論を説明するのに「ルビンの盃」という絵がある。二つの顔が向き合っている絵であるが、よくよく見ると一つの盃のようにも見える絵である。世の中には「二つの顔が向き合っている」と一度思ったらずっとそう思い続ける人がいる。盃にも見えるのにそれに気づかない。「一点集中」これが悩みの原因である。

例えば、「子どもが家から去った」「子どもは親から独立した」――この二つは物理的には同じ現象だが、前者しか目に入らない親は「うちの子は薄情だ」と恨むが、後者の観点のとれる親は「うちの子は頼もしい」と安堵する。一つの観点に固執するから情けなくなる。また、認知症の介護では、「病気だ。治療だ」との観点を主とする人と「老化だ。ケアすればよい」との観点でゆったり構える人がいる。それゆえ、悩みから解脱するには「世の中にはいくつもの観点がある。特定の観点だけに固執することはない」と考えることである。

ゲシュタルト理論でいえば、「地（いまは目に入っていない事実）」に気づくことである。SGEのエクササイズは地に気づく刺激剤である。簡便内観がその例である。

ある部下を嫌っている上司がいた。「素直じゃない。助言しても『お言葉を返すようですが』ばかりだ」と。ところが内観で思い出したことがある。「足がしびれて立てなくなったとき、彼が飛んできて抱えてくれた」――この「地（いままで目にとまらなかった事実）」が「図（意識化）」になった途端、彼への嫌悪感が消えたという。観点のシフトが感情の変化につながったのである。

(4) 目標論（健常論）――自分は「ただの人」であるとの自覚

ＳＧＥのねらいは何か。どういう人物像をめざしてＳＧＥをしているのか。精神分析理論なら「無意識の意識化」、自己理論なら「自己一致 self-congruence」、行動理論なら「学習のやり直し re-learning・逆条件づけ counter-conditioning」と簡単明瞭に答えるであろう。ＳＧＥも簡単明瞭に答えたい。「自分はただの人であるとの自覚」――これがＳＧＥのねらいであり、ＳＧＥの考える健常人である。

カミュの『異邦人』に次のような場面がある。判決文を聞いている被告人が心の中でこうつぶやく場面だ。「判決文を読んでいる裁判官も僕と同じだ。風呂に入るときは、僕も彼もパンツを脱ぐただの人間なんだ」と。

「ただの人（personhood）としての自覚」はなぜ大事なのか。

理由の一つは、役割遂行に魂を入れられるからである。人生を生きるとは何らかの役割を遂行することである。まず仕事上の役割がある（例：教員、介護師、看護師、ソーシャルワーカー）。第二に家庭生活上の役割がある（例：夫、妻、親、姑、長男の嫁）。第三に思想上の役割がある（例：キリスト教徒、仏教徒、自由主義者）。

これら役割には人からある行動が期待されるので、仕方なくある行動をとることが少なくない（例：営業用スマイル、マニュアルどおりの対応）。その結果、自分らしさ（personhood）が枯れてしまう。紋切り型の生き方しかできなくなる（例：愛想はよいが心がない）。

そこで、「ただの人」の自覚を持って役割遂行すれば、自分らしい教員、自分らしいナースになれる。役割とパーソンが一つに融合した状態、これが本人に生の充実感を与え、他者も人生にふれた感じをもたらす。

例えば、私が妻の通院に付き添ったとき、ナースが私に「うちの父も旦那さんと同じように母の面倒をみていますよ。ご苦労さまです」と言った。これは「ただの人」の表現だが、対応行動はプロフェッショナルである。私は元気をもらった。

「ただの人」としての自覚が大事な理由はもう一つある。役割は途中でなくなるのが常である。定年になれば部長でなくなる。配偶者が逝けば夫（妻）でなくなる。しかし「ただの人」は役割前の自分の原点（本籍地）であるから死ぬまでなくならない。自分の支えになる。揺るぎなきパーソナル・アイデンティティ、それが「ただの人としての自覚」の意味である。

妻が骨折・手術の状況になったとき、私は不安に襲われた。「転倒→骨折→寝たきりコースになったらどうしよう」――この不安に私のカウンセリング心理学は役に立たなかった。私は自分の無能さに気づいた。病院に見舞いに行くと「旦那さんが来た」と若いナースが言う。「そうだ、俺は普通のおっさんなんだ。教授だと役立たずだが、おっさんに徹したほうが女房のためになる」――これが最近の私の「ただの人」体験である。滑り込みセーフでＳＧＥが役に立った。恥も外聞もないおっさんが personhood（ただの人）の典型例である。

(5)リーダーの役割――プログラムの展開

精神分析者の役割は「解釈投与」、ロジャーズ派のカウンセラーの役割は「非審判的雰囲気づくり」である。ではＳＧＥリーダーの役割は何か。ひとことで言えば「プログラムの展開」である。ＳＧＥのプログラムとは、エクササイズを核にした前後の作業の総体である。前後の作業とは、導入の説明、デモンストレーション、介入、シェアリングである。

したがってＳＧＥリーダーは個別面接技法だけでなく、グループをまとめ、動かしつつ、一人一人を観察し、必要なら個別ケアもできる能力（リーダーシップ）が期待される。

プログラムの展開はＳＧＥ以外にもある。行動理論ベースのカウンセリング、リハビリテーション、特別活動、レクリエーションなどである。ＳＧＥプログラムの特色はパーソナリティの内界を見つめ、その内界の表現を促進するところにある。ＳＧＥはスキル学習、グループ活動、快楽原則の体験などの教育上の意義は肯定している。

しかしSGEのウエイトは、個の内界への自他理解促進のためにグループを用いることにある。グループネス（凝集性、団結力）がねらいではなく、個の自覚がねらいのプログラムである。例えば、椅子取りゲームは遊びのフレームで見ることもできるが、自分の子ども心に気づくエクササイズにもなる。

したがってSGEプログラムを展開するときは、SGEのねらいに合った説明とねらいに則したシェアリング（例：「面白かった」だけでは不十分）が不可欠である。

展開するプログラムは、リーダー自身が体験しておくことをすすめたい。「なるほど、これは面白くてためになる」と自分が納得したエクササイズはトーク風に展開しやすい。自分が試したことのないエクササイズを人にさせるのは誠実さに欠ける。せめて自宅で一人芝居でもよいから体験するくらいの誠実さがほしい。

(6) 参加メンバーに期待される役割——相互の自己開示

カウンセリングのクライエントとSGE参加メンバーとの違いが一つある。カウンセリングではカウンセラーとクライエントの関係（ソーシャルリレーション）が主軸になるが、SGEではメンバー間の関係（パーソナルリレーション）が主軸になることである。

例えば、精神分析では、患者は素直に分析者の解釈を受け入れ、それを日常生活で、禅宗の公案（指導者から与えられた問題について真理を究明すること）のように吟味し続けることが期待されている。ＳＧＥではリーダーに教えをこいに来るメンバーはいない。

自己理論ではクライエントは自分の言いたいこと、したいことを自由にする（例：沈黙や居眠りなども制限時間内は許容される）。ＳＧＥは話すテーマ、話す持ち時間、話し相手などは指定されている。

行動理論では「宿題 home assignment」があり、クライエントは従順な生徒になることが期待されている。ＳＧＥには宿題はない。万事その場限りである。メンバーは従順な生徒であることは期待されない（ＳＧＥのルール厳守は期待される）。ではＳＧＥ参加メンバーは何を期待されているか。「仲間同士の相互の自己開示 sharing」が期待されている。シェアリングは講義のように同じ内容の繰り返しということがない。何回参加しても違う内容になるので、その都度新鮮である。

メンバーはなぜ飽きずにＳＧＥに参加するのか。シェアリング体験には次の三つの人間関係が体験できるからである。すなわち、ワンネス、ウィネス、アイネスである。

①ワンネス（Oneness）——相手の内界を相手の目で見る。相手は私の内界を私の目で見る。

そういう人間関係のことである。

②ウィネス（Weness）――人は人、われはわれなり。されど仲よくという人間関係である。仲よくとはお互いに「補助自我」になるという意味である。

③アイネス（Iness）――仮に失うものがあったとしても「これだけは引くに引けない」線を宣言するという、他との対峙を伴う人間関係である。

これら三つの概念は、クラーク・ムスターカスの提唱したものである。人の世を見るとだれもが意識するしないにかかわらず、この三つの人間関係を生きようとしているとの説である。人間の実態を整理して示しているという点で、マズローの欲求階層説と発想は似ているが「欲求充足」（快楽原則 the will of pleasure）と「生き方志向 the will of meaning」の違いがある。またマズローは個人の実態を、ムスターカスは人間関係の実態を明示している。これも第二の違いといえる。

(7)実施上の重要事項――「グループを構成する」「解説者にならない」

プロフェッショナルなカウンセリングでは治療契約（therapeutic contract）と作業同盟（working alliance）がまず重要視される。それは援助者と被援助者が私的関係にならない歯止めの意味がある。面接の時間と場所・料金・面接回数・面接の目的などについて両者が合意してから面接に入るというしきたりである。

これに相当するＳＧＥのしきたりは何か。「グループを構成する」――これがＳＧＥの重要事項である。いくら和気あいあいの歓談でも構成されていないグループでのそれは放談会か宴会である。グループを構成するとは、グルーピングの指針、エクササイズの指定、ルールの設定、時間の制限などを行動療法風にきちんと指示することである。自己決定・受容の美名のもとに「どうぞご自由に」方式は非構成になる。

構成（structuring）のねらいの一つは、参加者の自己表現の権利（自由）を守ることにある。口達者も口下手も平等に権利が行使できる。もう一つは、サブグループ（分派）の発生を防ぎ、全員がくまなく全員とエンカウンターできることにある。

ＳＧＥの第二の重要事項は、ＳＧＥの実施者自身がＳＧＥメンバーとしての参加体験を有することである。アメリカに行ったことのない人でもアメリカの地理・歴史は教授できる。しかしＳＧＥには教授すべき実体がない。参加者のシェアリング（相互の自己開示）が実体である。これは講義でなくトークで伝えられるものである。それゆえＳＧＥ実施者は、ＳＧＥの解説者にならないことを願う。

(8) 実施上の留意点――「心的外傷を与えない」「他者の権利を無視した言動に介入」

ＳＧＥ実施上の留意点が二つある。

一つは参加メンバーに心的外傷を与えないことである。心的外傷（トラウマ trauma）とは「どうしてよいかわからない個体内のクライシス」である。ＳＧＥに参加したために、後日カウンセリングを受けることにならないための配慮をすること。

具体的には、①けっして自己開示を強制しないこと、②「あなたメッセージ」でなく「私メッセージ」で発言すること、③参加したくないエクササイズは見学だけにする自由があること、④参加者のレディネスとモチベーションに則したプログラムにすること、である。

第二の留意点は「肩書きをはずした一人の人間」という美名のもとに他者の権利を無視した言動（例：わがまま、お節介、なれなれしさ）にはリーダーが介入し、全体シェアリングのテーマにすること。したがってリーダーには超自我機能が求められる。

大人のＳＧＥではなかったが、学生のＳＧＥでは年長者がボスになることがある。それゆえ私は「未成熟者のＳＧＥ」にならぬよう留意していた時期がある。

あとがき

私どもはあとがきの言葉を、國分康孝は"Courage to be"國分久子は"Being is choosing"で締めくくることにいたします。

紙面の都合上、すべての方のお名前をあげることはできませんでしたが、日本カウンセリングカレッジ（旧：日本カウンセリングアカデミー）の渡部恵美子さんをはじめ、SGEを一緒に育ててくださったすべてのみなさまへ改めて感謝申し上げます。そして、感謝を込めて本書を図書文化社歴代社長に献じます。

葭内善三郎社長、日本教育カウンセラー協会設立に物心とものサポートをいただきました。

清水庄八社長、教育カウンセリングを日本全国に普及する労をとっていただきました。

工藤展平社長、教育カウンセリングの研究と発展のために学会設立にご支援いただきました。

村主典英社長、教育カウンセリングにSGEを導入する英知をいただきました。

最後に、福富泉・現図書文化社社長のおかげで本書を出版することができました。編集を担当していただいた東則孝さん、渡辺佐恵さん、宮澤知果さん、フリー編集者の辻由紀子さん、みなさまに感謝を申し上げます。

二〇一八年初夏

國分康孝・國分久子

著　者　國分康孝（東京成徳大学名誉教授）
監　修　國分久子（青森明の星短期大学客員教授）

1930年	康孝，鹿児島県に，久子，平壌に生まれる
1945年4～8月	康孝，東京陸軍幼年学校に在籍
1949年	康孝，東京教育大学入学。同大学院に学びつつ，霜田静志門下として精神分析を研修
1952年	久子，活水女子短期大学英文科卒業
1954年	久子，関西学院大学社会文学部社会福祉学科（3年生で編入）を卒業。指導教授は竹内愛二
1954年	久子，福岡津屋崎コミュニティセンターで1年間働く。その後，大阪市日本キリスト教病院メディカルワーカー職員
1955年	康孝，久子，結婚
1957年	康孝，東京教育大学大学院教育学研究科生活指導専攻修士課程修了。指導教授は井坂行男
1959～1961年	康孝，関西学院大学助手
1961～1962年	両氏，米国メリル・パーマー研究所インターンシップ。両氏，クラーク・ムスターカスに学ぶ
1962～1966年	康孝，ミシガン州立大学大学院教育学研究科博士課程在籍，久子，同大学院家政学部修士課程在籍
1967年5月17日	第一子誕生
1966～1976年	康孝，多摩美術大学助教授
1973～1974年	両氏，フルブライト交換教授
1974年	康孝，ミシガン州立大学大学院カウンセリング心理学博士課程修了（Ph.D.），指導教授はウィリアム・ファーカー。久子は同大学院児童学専攻修士課程を修了。久子はその後，千葉短期大学教授，千葉商科大学教授，横浜市立大学非常勤講師を歴任
1976～1989年	康孝，東京理科大学教授
1979年	康孝，初の単著である『カウンセリングの技法』（誠信書房），『心とこころのふれあうとき』（黎明書房）を出版
1989～1996年	康孝，筑波大学教授
1995～2004年	両氏，日本カウンセリング学会常任理事に就任。康孝は，学会理事長及び会長を務める
1996～2000年	康孝，聖徳栄養短期大学（現・東京聖栄大学）教授および学部長・副学長を歴任
1999年	康孝，NPO 法人日本教育カウンセラー協会設立，会長・理事を務める
2000～2011年	康孝，東京成徳大学教授，副学長。後に名誉教授
2001～2012年	両氏，青森明の星短期大学客員教授
2009年～	康孝は，日本教育カウンセリング学会理事長，久子は同学会常任理事に。スクールカウンセリング推進協議会（現在は一般社団法人）設立，代表を務める
2013年	康孝，瑞宝小綬章受章

構成的グループエンカウンターの理論と方法

半世紀にわたる探究の成果と継承

二〇一八年五月三〇日　初版第一刷発行　〔検印省略〕

著　　者　國分康孝©
監 修 者　國分久子
発 行 人　福富　泉
発 行 所　株式会社　図書文化社
〒一一二・〇〇一二　東京都文京区大塚一・四・一五
電話　〇三・三九四三・二五一一
ファックス　〇三・三九四三・二五一九
振替　〇〇一六〇・七・六七六九七
http://www.toshobunka.co.jp/
組版・印刷　株式会社　厚徳社
製　　本　株式会社　村上製本所

乱丁・落丁本の場合はお取り替えいたします。
定価はカバーに表示してあります。
ISBN 978-8100-8704-8 C3037

071116_01_07_a4